U0742165

初中数学实验教学设计的策略研究与实践

孙家和　徐黎明 / 著

安徽师范大学出版社
ANHUI NORMAL UNIVERSITY PRESS
·芜湖·

图书在版编目(CIP)数据

初中数学实验教学设计的策略研究与实践/孙家和,徐黎明著.—芜湖:安徽师范大学出版社,2025.1

ISBN 978-7-5676-6620-7

Ⅰ.①初… Ⅱ.①孙…②徐… Ⅲ.①中学数学课—教学设计—初中 Ⅳ.①G633.602

中国国家版本馆CIP数据核字(2024)第021350号

初中数学实验教学设计的策略研究与实践

孙家和　徐黎明◎著

责任编辑:管健行　　　　　责任校对:吴毛顺
装帧设计:张　玲　姚　远　　责任印制:桑国磊
出版发行:安徽师范大学出版社
　　　　芜湖市北京中路2号安徽师范大学赭山校区　　邮政编码:241000
网　　　址:http://www.ahnupress.com/
发 行 部:0553-3883578　　　5910327　　　5910310(传真)
印　　　刷:江苏凤凰数码印务有限公司
版　　　次:2025年1月第1版
印　　　次:2025年1月第1次印刷
规　　　格:787 mm×1092 mm　1/16
印　　　张:10
字　　　数:160千字
书　　　号:ISBN 978-7-5676-6620-7
定　　　价:40.00元

凡发现图书有质量问题,请与我社联系(联系电话:0553-5910315)

前　言

《义务教育数学课程标准(2022年版)》在"教学建议"中指出："通过丰富的教学方式,让学生在实践、探究、体验、反思、合作、交流等学习过程中感悟基本思想、积累基本活动经验,发挥每一种教学方式的育人价值,促进学生核心素养的发展。"这意味着数学的学习不能仅仅是简单地接受、机械地训练和死记硬背,更要强调学生的积极参与、主动探究和动手操作。

数学实验通过不同形式的自主学习、探究活动,有效地再现知识产生的背景,还原知识的生成过程,培养学生的创新意识。信息化手段在实验教学中的合理应用、形象直观地演示实验,能充分激发学生的参与热情,有效提高实验精度,促进学生的深度思考。因此,融入信息技术开发初中数学实验教学案例的策略是值得我们关注的课题。

本书通过文献研究法,了解数学实验的起源和国内外初中数学实验教学的开展情况,梳理了初中数学实验教学的发展历程及相关研究,界定了相关概念,明确了课题的研究内容、思路和框架;通过调查研究法,了解肥东县初中数学实验教学和学习现状,形成了初中数学实验教学的教情和学情调查报告,并针对调查分析中的问题开展课题研究,提炼了研究成果,开发了典型案例。

本书一方面全景展示了研究课题"信息化2.0背景下初中数学实验教学案例的开发策略研究"的过程,以期给读者提供课题研究的方法;另一方面收集了课题研究过程中作者参与撰写的论文和案例设计,有的成果在省级期刊刊发,有的在省、市级论文评比中获奖等。因此,本书有一定的学术价值和教学参考价值。

本书的两位作者一位是中学数学教研员,另一位是初中数学一线教师,都有近30年的教育教学经验,分别承担了本书一半的编写任务。编写时,两位作者认真领会课程标准精神实质,深刻理解教科书编写意图,合力讨论本书中的每个细节,力求给一线教师提供更多的借鉴和帮助。

　　由于作者能力有限,理论水平欠缺,书中难免存在疏漏和不足,恳请广大读者批评指正。

2023 年 11 月 18 日

目　录

▶▶▶ **第一章**

理论基础

第一节 研究概述

一、选题意义与理论依据

(一)研究背景

1.课标要求

《义务教育数学课程标准(2011年版)》指出,为了适应时代发展对人才培养的需要,数学课程还要特别注重发展学生的应用意识和创新意识。实验教学是培养学生科学探究精神,发展学生核心素养的一种重要形式。义务教育的总目标是获得"四基",增强"四能",而实验教学正好可以通过学生的动手动脑,培养学生用数学的眼光观察问题、用数学的思维分析问题、用数学的语言表达问题的能力,积累基本活动经验,培养学生的创新能力。

2.教材现状

初中数学沪科版教材中虽安排了与数学实验有关的"综合与实践""阅读与思考""数学活动""信息技术应用""阅读与欣赏"等选学内容,但课本中可以直接借鉴的实验案例非常有限,更缺少具体的实验教学设计策略,导致数学实验在课堂教学中存在"虚化""弱化"等现象,甚至某些教师直接将其作为学生的自学内容,忽视了数学实验教学的重要性。

3.信息化2.0与初中数学实验教学

信息化2.0背景下的初中数学实验教学可从三个方面来理解:一是培养适应信息社会的人才,把提升信息素养纳入教学目标;二是在数学实验教学中借助信息技术手段,提高实验教学的直观性和准确性;三是通过改变传统的教育模式与方法,实现教育信息化2.0的创新应用和数学实验教学的深度融合。

（二）国内外研究综述

1.国外关于数学实验教学的研究现状

（1）美国掀起的"新数学浪潮"。

19世纪80年代，随着计算机及软件技术的飞速发展，美国掀起了"新数学浪潮"，开展了大范围、大规模的数学实验教学改革，具体做法有三个方面：因材施教、计算机辅助教学及建立数学实验室。其特点在于：强调精心选择典型的实际问题，注重培养学生的数学应用意识和逐步掌握应用现代工具分析、解决问题的能力。特别是计算机辅助教学，在培养学生创造力方面取得了显著成效。

（2）苏联建立新的"工科数学教学体系"。

苏联的数学教育特别强调数学知识的系统性和思维的逻辑性，开展了大规模的数学教育改革，三次修订工科数学教学大纲，结合计算机及软件技术建立新的"工科数学教学体系"。其特点在于：建立分析问题的数学模型并求其最优解；进行数值计算与实验；分析和处理所得结果；选择解决问题的最佳方案。其实质就是数学实验教学，通过设置实验类型的作业，提高学生运用计算机解决实际问题的能力。

（3）日本开展的"课题学习"。

1993年，日本实施"课题学习"，就是在"问题解决"的引领下，让学生选择适切的"课题"进行操作和实验，在积极的实验探索过程中收获解决问题的办法和数学的思想方法，从而孕育数学观点，并引导学生将所学知识和技能应用到实际问题中。

总之，加强数学实验教学是国际数学教育改革的共同趋势之一，注重培养数学的应用意识是全面提高学生数学素养的有效途径。

2.国内关于数学实验教学的研究现状

（1）数学实验教学现状研究。

孙朝仁、马敏老师在《开展数学实验教学的可行性调查与分析》一文中运用文献资料法和分析调查法，并结合自己多年的教学经验，对当前初中数学实验教学现状进行分析。结果表明，当前国内很多中学普遍存在初中数学实验教学开课率较低、课程编排零散、地位次要、数量偏少、实验设计简单且不科学等现象，教师没有充分认识到数学实验教学的价值。文中还提出了在新课程理念下改进数学实验教学的建议，指出需要对初中数学实验教学案例进行开发。

（2）数学实验实践现状研究。

董林伟老师在苏科版《数学实验手册》中指出，数学实验设计要与数学实践有效结合，要创新实验方案，优化实验过程，明确实验的主题、目的、准备、内容与步骤等。该书是目前国内广泛使用的数学实验指导用书。秦勇老师在《初中数学实验教程》一书中主张，在数学实验教学过程中把现代技术和传统教具有机结合起来，开展教学研究，将适切的信息技术与数学教学整合，可更好地培养学生的数学创造能力。

3.本县域数学实验教学现状调查

对本县域数学实验教学实施情况进行调查（调查问卷如下），结果表明大部分教师把眼光集中在学生的成绩上，过度强调传统的书面作业，忽视实验作业的设计，以致实验教学流于形式，并未真实地开展。由此可见，教材中实验教学内容亟待丰富，更需要探索不同类型实验教学案例的开发策略。因此，本课题的研究成果对初中数学实验教学具有指导意义。

附表一：初中数学实验教学实施情况的调查问卷（学生卷和教师卷）

初中数学实验教学实施情况的调查问卷（学生卷）

亲爱的同学，你好！为了了解实验教学的实施情况，希望你能抽出宝贵的时间协助我们完成这次问卷调查。本问卷仅供教育研究参考之用，不评价你的学习情况，采用不记名的形式，问卷的所有回答都将被严格保密，对个人无任何影响，请如实填写，感谢你的支持！（请在符合情况的选项标记√）

1.你了解数学实验课吗？
A.非常了解　　B.比较了解
C.一般　　　　D.不了解
2.你对数学实验课的积极性如何？
A.厌烦　　　　B.不反感，谈不上兴趣
C.有点兴趣　　D.积极性很高
3.你参加数学实验课的次数？
A.0次
B.1—2次
C.3次及以上
D.没上过，老师偶尔会在数学课上插入类似的活动
4.进行数学实验课时，你愿意主动探究吗？
A.愿意
B.不愿意，看老师做
C.有困难时寻求老师帮助
D.没必要探究
5.对于数学实验课，你比较认可的学习方式是什么？
A.全班共同完成
B.分组，可以和同学们分工合作
C.独立完成，喜欢具有挑战性的任务
D.听从老师的安排
6.[多选题]你认为在数学实验课中会有哪些收获？
A.学会更多知识
B.开阔视野，锻炼能力
C.掌握了解决问题的数学方法
D.学不到什么东西

初中数学实验教学实施情况的调查问卷（教师卷）

尊敬的老师，您好！本问卷是为了了解实验教学的实施情况而设计的，问卷调查采用不记名的形式，希望您能抽出宝贵的时间如实填写，感谢您的配合！（请在符合情况的选项标记√）

1.您认为数学实验教学重要程度如何？
A.非常重要　　B.重要
C.一般　　　　D.不重要
2.您每学期实施（或计划实施）数学实验教学有几次？
A.0次　　　　B.1—2次
C.3—4次　　　D.5次及以上
3.您教学以来是否接受过教学实验内容的相关培训或交流研讨？
A.没有开展过　　B.开展过一两次
C.有时会开展　　D.开展比较频繁
4.您认为数学实验指的是什么？
A.类比猜想　　B.猜想验证
C.生成发现　　D.情境模拟
5.在数学实验的教学中，您愿意采用哪种形式？
A.直接讲解，学生较少探究
B.详细指导，引导探究
C.粗略指导，学生自主探究
D.不指导，独立完成
6.[多选题]您认为开展数学实验教学时，课例的主要来源是什么？
A.教材中现成的案例
B.课本内容的拓展与改编
C.网络与他校资源
D.自己开发资源

综上可知,众多国内学者对数学实验教学的研究偏重于现状调查和理论指导,缺乏与初中数学内容紧密结合的、易于操作的实验教学案例;县域教师对初中数学实验教学意识淡薄,缺乏可以参考的典型实验教学案例和实验教学的设计策略。

(三)研究价值

1.有利于实验教学形式的创新

学习方式的变革是新一轮基础教育课程改革的显著特征。信息化2.0对教育教学理念和模式的创新具有重要作用。充分发挥信息化2.0的技术支撑作用,将信息技术融入初中数学实验教学中,可以更好地促进信息技术与实验教学的深度融合。这不仅能激发学生的学习兴趣,还有助于开发与初中数学内容紧密结合、形象直观的实验教学案例,取得传统教学难以实现的教学效果。这便是初中数学实验教学形式的创新。

2.有利于学科核心素养的培养

数学实验不仅能帮助学生理解所学的概念,还能让学生通过亲身实践真切感受到探究的快乐,在"动手"和"思考"的过程中积累数学活动经验,为创新意识的培养与创新能力的发展创设良好的情境。可见,开发典型的实验教学案例与课标的要求不谋而合,它对提高数学学科的育人价值,培养学生正确的价值观、必备品格和关键能力起着非常重要的作用。

3.提供易于操作的案例和可借鉴的设计策略

本书的价值体现在信息化2.0背景下,有效整合现代化教学手段,初步开发具有县域特色、易于操作的典型案例以及可借鉴的实验教学设计策略,辐射带动县域实验教学的发展,提高初中数学教师实验教学的能力。

(四)研究的理论依据

1.情境认知学习理论

情境认知学习理论认为,情境认知能提供有意义学习并促进知识向真实生活情境转化。依据情境认知学习理论,融入信息技术的实验教学能让学生直观感知、操作实验,从情境中观察、发现问题,在实践过程中解决问题。

2.杜威"做中学"理论

教育就是生活、生长和经验改造。"做中学"就是从操作中学、从体验中学,通过与现实生活相联系的实验教学活动,激发学生学习的积极性,自主参与实验操作。学生在做中学,在学中做,在学和做的过程中反思总结,从而提升能力与素养。

3.建构主义理论

信息化2.0背景下初中数学实验教学的理念就是建构主义思想的体现。融合信息技术的初中数学实验教学,有助于开发形象直观且易于操作的实验教学案例,让学习不再是简单传递知识的过程,而是主动加工知识的过程,同时师生、生生对实验中产生的问题不断地研究,取得传统教学难以达成的教学效果。

二、概念界定与研究目标

(一)概念界定

1.教育信息化2.0

2018年4月13日,教育部印发《教育信息化2.0行动计划》,教育信息化2.0是教育信息化的升级。行动计划提出要实现从提升学生信息技术应用能力向提升信息技术素养转变,从应用融合发展向创新融合发展转变。本书是将教育信息化2.0与数学实验教学深度融合,在数学实验教学中借助信息技术手段,提高实验教学的直观性和准确性,创新开发典型的数学实验教学案例。

2.数学实验

数学实验是指利用一定的实验环境或以特定的实验条件为背景,在教师的引导下,学生自己动手操作,获得数学活动经验、理解概念、建构知识的一种数学活动。

3.开发策略

开发通常指利用新的资源(或手段)在某领域通过研究进行开拓、发现。开发策略即通过研究获得某种具有实用性、普适性、可模仿、可调整的策略模型。本书中开发策略指的是以信息化2.0为指导,设计信息技术与数学实验教学有效融合的策略。

(二)研究目标

本书以初中数学沪科版教材为内容,将其划分为数与代数、图形与几何、统计与概率三个模块,以信息技术为载体,结合县域学校的实际情况进行初中数学实验教学案例的开发,实现信息化2.0与数学实验教学的深度融合,弥补初中数学实验教学的不足,创新数学实验教学模式,形成数学实验教学的合理化开发策略。

（1）通过实践研究，总结初中数学三个模块的实验教学案例设计策略。

（2）以信息化2.0为指导，设计信息技术与数学实验教学有效融合的案例。

三、研究内容、框架与方法

（一）研究内容

（1）通过查阅文献资料，掌握初中数学实验教学现状。

（2）通过县域初中数学实验教学的学情和教情的调查问卷，分析学生对初中数学实验的学习需求与教师对初中数学实验的教学需求。

（3）开发数与代数、图形与几何、统计与概率三个模块的实验教学典型案例。

（4）反复实践，总结提炼，形成初中数学实验教学案例的设计策略。

（二）研究框架

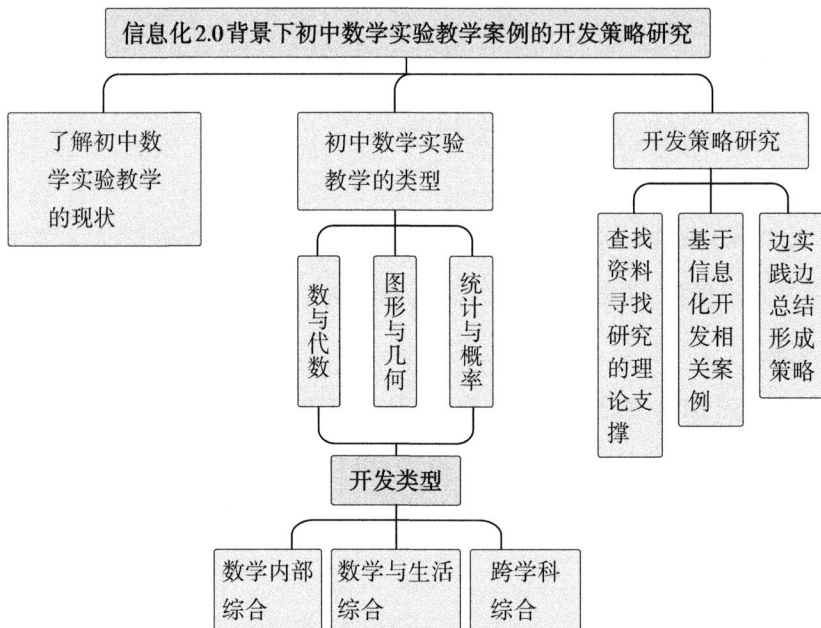

（三）研究方法

1.文献研究法

文献研究法是指通过搜集、调查、阅读相关教育理论书籍和期刊杂志，为教育信息化 2.0 背景下初中数学实验教学案例的开发提供理论支撑,指导研究的有序开展。

2.调查研究法

调查研究法是指通过考察了解客观情况直接获取有关材料,并对这些材料进行分析的研究方法。一般通过抽样问卷调查,利用样本获取调查对象的有关信息,并加以分析,为研究积累第一手资料。

3.案例研究法

案例研究法是指通过实践案例提炼教育教学观点的研究方法。本研究将设计的初中数学实验教学典型案例进行课堂教学,并对课例的设计和教学的过程进行详细的研究,客观判断该设计策略的可行性。

4.行动研究法

行动研究法是指教师在教育教学实践中基于实际问题,将问题发展为研究主题,进行系统研究,从而解决问题的一种研究方法。本研究通过专家指导,边实践,边研究,边总结,遵循实践—理论—再实践—再理论的认识过程,从个别到一般,由表及里,去伪存真,总结实验教学设计的策略。

5.经验总结法

经验总结法是指通过对初中数学实验教学中的具体情况进行归纳分析,使之系统化、理论化,并上升为经验的一种研究方法。本研究将通过教育实践,分析教学现象,透过现象看本质,找出经验中的规律,及时提炼总结。

四、研究的主要过程

(一)初期调查实验阶段

1.问卷调查分析

2021 年 12 月,安徽省电化教育馆公布了 2021 年度课题立项名单。为了更好地准备安徽省教育信息技术研究课题"信息化 2.0 背景下初中数学实验教学案例的开发策略研究"开题工作,2021 年 12 月 9 日下午,课题组在孙家和名师工作室及成员所属学校进行了初中数学实验教学实施情况的学生问卷调查。本次调研了肥东县城镇和乡村两地域部分学校的部分初中生。每个学校选取了两个班,合计 550 人(安徽师范大学附属肥东实验中学 90 人,肥东县第三中学 90 人,肥东县第四中学 90 人,肥东县第六中学90人,合肥市第四十五中宝翠园分校80人,肥东县龙塘学校60人,肥东县马集学校50人),有效作答率均为100%,调研数据基本反映了县域初中学生对数学实验教学的了解程度、开设情况及学习需求等。

2021年12月10日上午,孙家和名师工作室的成员在所属学校开展了教师问卷调查。本次调研了肥东县城镇和乡村两地域部分学校的部分初中数学教师,合计100人(安徽师范大学附属肥东实验中学18人,肥东县第三中学30人,肥东县第四中学20人,肥东县第六中学15人,合肥市第四十五中宝翠园分校9人,肥东县龙塘学校5人,肥东县马集学校3人),有效作答率均为100%,调研数据基本反映了县域初中数学教师实验教学的开展情况、教学需求及实施难点等。

2021年12月10日下午,课题组全体成员在肥东县教育体育局六楼录播室对问卷进行统计,运用信息技术分析相关结果,掌握教师和学生对初中数学实验教学和学习的相关情况,分析问题,为下一步课题研究找准方向和突破点(问卷调查分析报告见第三章)。

2.完成开题

2021年12月13日下午3点,课题组全体成员及肥东县孙家和名师工作室部分成员在肥东县教育体育局六楼录播室召开了课题开题准备工作布置会,课题主持人徐黎明主持会议。主持人对课题的研究内容及如何开展研究做了说明,在征求课题组成员意见的基础上,结合研究专长,对课题组成员进行了详细的分工。课题主持人要求课题组成员尽早准备,统筹安排,为课题的后续研究做好准备。最后,大家讨论了开题论证会的相关安排。

2021年12月17日下午2点半,安徽省教育信息技术研究课题"信息化2.0背景下初中数学实验教学案例的开发策略研究"(项目号:AH2021007)开题会议在肥东一中践行楼三楼301会议室举行。相关领导及课题组全体成员出席会议,会议由县教研室课题联络员丁祖全主持。

首先,课题主持人作开题汇报,并解读了课题实施方案。其次,与会专家分别发表评议,大家对开题报告给予了充分的肯定,指出本课题开题报告规范,实施方案操作性强,具有较高的研究价值,对提升一线教师的数学实验教学能力和信息技术素养等有很大帮助。最后,专家们对课题提出了一些建议。

郭佐铭、章斌、段晓慧指出,教育信息化2.0是教育信息化的升级,要找准教育信息化2.0的概念界定,明确支撑实验教学的信息化手段有哪些,思考如何提高教育信息化2.0与数学实验教学的融合度等。另外,为了加强课题研究的辐射影响,建议充实研究力量。

张道才、葛余刚指出,研究目标要与研究内容相契合,实施阶段要抓住时间节点、落实具体负责人,让课题研究过程做细做实,完成预定目标。

3. 整改及落实会议

2022年1月17日下午3点,课题组全体成员在肥东县教育体育局407室举行实验教学案例设计研讨会,讨论并落实专家在开题会议上的指导意见。课题组成员积极交流,献计献策。课题主持人就案例设计的体例及各项要求提出了建议,并要求课题组成员积极思考,选取数与代数、图形与几何中的课例,撰写信息技术与数学实验教学有效融合的案例。

依据课题开题时专家的建议,为增加课题的研究力量,加强课题研究的理论指导,更好地推广课题实践成果,增强课题的辐射和影响力,经课题组成员商定,本课题增加肥东县教育体育局教研室中学数学教研员孙家和老师为课题主持人,并上报省、市电教馆批准。

（二）课例展示论证阶段

2022年3月1日,课题"信息化2.0背景下初中数学实验教学案例的开发策略研究"研讨活动在安徽师范大学附属肥东实验中学召开。芜湖市繁昌区中小学幼儿园信息化管理团队能力提升工程2.0整校推进研修班全体学员、课题组全体成员、孙家和名师工作室全体成员和全县部分教师参加活动。课题组核心成员汪森老师展示了"不等式及其基本性质"课例研讨课,课题主持人给与会人员作了题为"信息化2.0与课堂教学"的专题讲座。课后,教师们对这节课进行了点评,充分肯定了汪森老师精彩的展示,尤其是教学中引导学生动手操作,融入信息化手段展示实验过程,充分调动了学生学习的积极性,培养了学生的核心素养,有效地突破了教学重难点,得到与会老师的一致肯定。

芜湖市繁昌区教师发展中心强五洲老师说,融入信息技术的数学实验教学更能够激发学生探究知识的欲望,提升学生数学建模、逻辑推理等核心素养。繁昌区田家炳中学丁全老师说,融入信息技术的数学实验教学的最大特点是让学生带着问题去学习,自己寻求解决问题的方法,调动学习的内驱力。肥东县第三中学史标老师说,汪森老师的课突破了代数课的传统授法,令人耳目一新,学生更乐于接受,为代数课实验教学提供了一个新的方向。

大家还对本节课信息技术与实验教学的深度融合提出了建议。笔者要求课题组成员进行思考与论证,参考本次课例研讨的意见,思考对策,修改完善代数课的课例设计。课例的成功展示为下一步课例设计和实施做了很好的铺垫。

(三)课例设计完善阶段

因受疫情影响,课题组不定期召开网络视频会议,对汪淼老师的课例进行深入研究。课题组成员汇报各自研究的进展情况,互相交流经验和做法。笔者要求大家精心设计实验教学案例,思考实验设计策略,积极撰写研究论文。经过反复研讨,课题组总结出融入信息技术的教案设计体例,即"教材分析→实验器材→实验创新点→实验设计思路→实验教学目标→实验教学过程→实验教学反思→实验设计报告(根据情况可选)"。

安徽省教育信息技术研究课题"信息化2.0背景下初中数学实验教学案例的开发策略研究"案例设计

课题名称

单位　姓名

一、教材分析

主要介绍本节内容所处位置及常见的处理方法或教材的处理方法,指出其不足或者可以改进的地方。结合课标要求,提出本节课所采用的方法(主要是设计的操作实验或学生活动),提高学生哪些能力和素养等。

二、实验器材

三、实验创新点

突出如何与信息化2.0融合,采用了哪些信息技术手段,改进创新教学过程,有几点写几点。

四、实验设计思路

先用文字简述实验思路,然后用框图表示。

$$\boxed{} \Longrightarrow \boxed{} \Longrightarrow \boxed{} \Longrightarrow \boxed{}$$

五、实验教学目标

六、实验教学过程

根据自己的设计将教学过程分成几个教学环节。有的环节要插入图片,可以事先制作、购买器材,等上课时学生分组实验时拍照片(或提前让学生做,拍成照片)后插进去。

七、实验教学反思

附：**实验设计报告**（可以根据需要设计实验报告，附在教学设计后面）

2022年5月6日上午，课题组全体成员参加了线上实验教学案例撰写研讨与讲座网络视频会议。第一阶段，课题组成员各自汇报了案例撰写的进展情况。第二阶段，孙家和老师作了"关于实验教学案例撰写的思考与建议"的专题讲座，提出了三点建议：一要展现学生（或教师）的实验操作过程，体现实验性；二要突出多种信息技术手段的辅助作用，体现信息性；三要体现实验教学和信息技术的深度融合，突破教学重难点，体现有效性。

（四）实验课例打磨与设计策略初步形成阶段

2022年4月，适逢合肥市教育科学研究院下发《关于举办2022年合肥市中小学实验教学说课大赛的通知》，课题组组织成员积极参加比赛。最终课题组核心成员汪彪老师的作品"设计最佳方案测高"荣获合肥市二等奖、肥东县一等奖；课题组主持人徐黎明老师的作品"估算瓶中的豆子数"荣获合肥市三等奖、肥东县一等奖；课题组成员汪淼、高将、詹灿璨老师荣获肥东县一等奖，朱茂福、黄惠老师荣获肥东县二等奖。

在备赛过程中，课题组对参赛老师的不同课例进行了深入研究，从实验教学目标、实验方法、教学过程等方面对实验教学设计进行完善，打磨录制实验教学视频，初步形成了"数与代数"和"图形与几何"实验教学案例设计的基本策略。

（1）"数与代数"实验教学案例设计的基本策略。因为代数课偏重于逻辑推理、数学运算等，将抽象的知识通过实验操作和信息技术手段直观地展示出来，这是比较困难的。所以，"数与代数"实验教学案例的基本设计策略是"教师深备，指导学生（动手操作），实施教学，优化实验设计（融入信息技术）"，帮助学生有效突破教学重难点，其模式如图1-1-1。

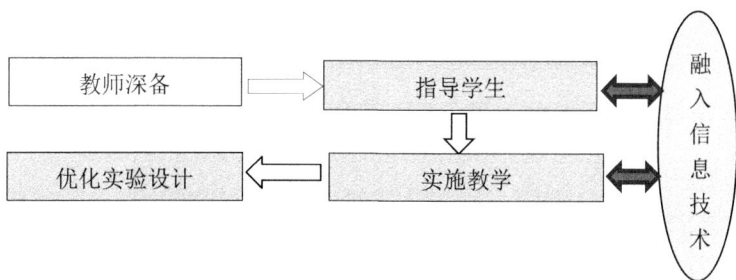

图1-1-1

（2）"图形与几何"实验教学案例设计的基本策略。因为几何图形比较形象直观，学生相对容易制作相关模型，动手操作，观察结果。所以，"图形与几何"实验教学案例的设计策略是"学生先行，展示实验，教师点评，媒体展示（融入信息技术）"，即事先安排学生预习教材，设计实验，然后课堂展示，教师点评归纳，最后运用信息技术手段进行直观演示，其模式如图1-1-2。

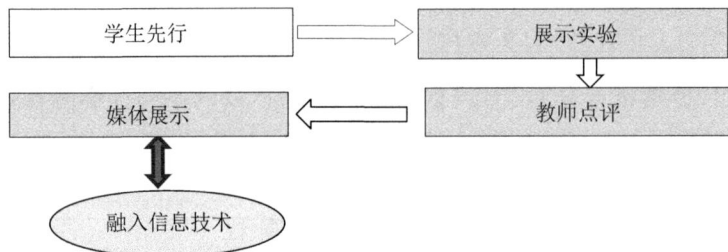

图1-1-2

（五）实验教学案例开发策略提炼及中期鉴定阶段

1.两次课题推进会议及成果

为了进一步推动课题研究，确保课题中期研究计划顺利完成，2022年6月16日下午，安徽省教育信息技术研究课题"信息化2.0背景下初中数学实验教学案例的开发策略研究"第一次中期推进会在安徽师范大学附属肥东实验中学举行。课题组成员分别结合自己研究的案例，提出了代数课和几何课的实验教学设计策略，对统计与概率研究案例的准备情况等方面进行了梳理和陈述，并提出了自己在课题研究过程中存在的问题以及下一步研究计划。笔者对各成员的汇报作简明扼要的点评，结合课题研究的目标、内容、路径等方面提出了建议，要求课题组成员会后进一步凝练实验设计策略，提高成果的可借鉴性和可操作性。

2022年8月18日下午，课题组全体成员在安徽师范大学附属肥东实验中学召开了课题第二次中期推进会。课题组核心成员汪淼老师和詹灿璨老师汇报了代数课和几何课的实验教学设计策略，与会者进行了热烈的讨论，完善了实验教学设计策略。最后孙家和老师和徐黎明老师布置了8月27日迎接省级专家中期论证的相关事宜。

2.中期现场鉴定会议

2022年8月27日下午，课题中期论证会在安徽师范大学附属肥东实验中学举行，相关领导、孙家和名师工作室部分成员及课题组成员参与了本次会议，县教研室课题联络员丁祖全主持会议。

　　课题组核心成员汪淼老师介绍了课题研究的过程、取得的阶段性成果和研究中的困惑。与会专家一致认为课题选题价值大,研究过程扎实,完成了既定目标,充分肯定了研究取得的成果。同时,专家们对中期报告的撰写、案例的设计论证、研究过程的梳理及研究成果的凝练等方面进行了全面悉心的指导。光善慧、郑学兰建议案例设计要突出学生的动手操作和信息技术的应用,活动开展要与成果形成相对应;郭佐铭、陶永华、张道才指出要加强课题研究理论成果和实践成果的凝练,找到实验教学的适切点,形成观点方法,进一步优化实验设计策略。

(六)课题展示推广及结题鉴定阶段

1.中期整改与实验教学设计策略研讨活动

　　2022年10月19日,课题组在肥东三中召开课题研讨会,笔者带领课题组成员对中期鉴定时专家组的意见逐条分析,研究整改办法,拿出措施予以解决。课题组成员分别介绍了研究论文的撰写情况,并重点对"统计与概率"的案例研究进行了梳理,讨论完善了"统计与概率"的实验教学特点与设计策略。

　　"统计与概率"实验教学案例设计的基本策略。虽然统计与概率课实验设计相对容易,但是器材选用、实验方法、数据统计方式等不同会导致实验精度差别很大。因此,"统计与概率"实验教学案例设计策略是"师生同备,分组展示,共同完善(融入信息技术)",即学生课下分组设计实验,课堂上展示,师生共同分析实验的优缺点,通过信息技术手段完善实验,其一般模式如图1-1-3。

图1-1-3

2.课题结题线上研讨活动

　　2022年12月23日下午,课题组成员在线研讨交流课题研究工作。因为疫情,有的教师结合PPT谈了自己的收获;有的教师因为身体不适,录制微课汇报了自己的做法。最后,笔者要求各位教师紧扣研究目标和预期成果,多交流、多学习,提炼课题研究成果,按照课题研究计划做好课题的后期研究工作,并带领课题组成员学习结题细则,安排结题的研究任务及分工。

3.第二次课例观摩与讲座活动

2023年3月10日上午,安徽省教育信息技术研究课题"信息化2.0背景下初中数学实验教学案例的开发策略研究"第二次课例观摩和专题讲座活动在肥东县马集学校举行。第一阶段,课题组核心成员朱茂福老师展示了实验教学研讨课"用频率估计概率"。朱老师精心设计教学过程,通过学生分组实验,自主探究,巧妙运用信息技术模拟实验,层层递进,不断深入,打破了传统的教学方式,有效地突破了教学重难点,得到与会教师一致肯定。

第二阶段,笔者给与会教师作了题为"例谈初中数学实验教学的设计策略"的讲座。笔者结合两个优秀实验教学案例,详细地阐述了实验教学设计的过程、会出现哪些问题、如何逐步改进与完善,自然地引出信息技术辅助实验,从而实现了传统实验手段难以达到的可重复性、标准性和准确性,展现了实验教学设计的层次性和实验教学的设计策略。

4.结题鉴定会议

2023年4月18日下午,安徽省教育信息技术研究课题"信息化2.0背景下初中数学实验教学案例的开发策略研究"结题论证会在肥东县第一中学举行,相关领导及课题组全体成员参加了本次会议。

笔者分别从课题的提出、研究背景、研究目标、研究内容、研究过程、研究成果和研究反思进行了结题汇报,重点介绍了在课题研究中提炼的理论成果和实践成果,展示了融入信息化2.0的初中数学实验教学案例的开发策略。

专家组认真聆听了结题汇报,一致认为该课题研究过程扎实、规范、真实、有效,研究成果丰富,基本完成了信息化2.0背景下初中数学实验教学案例的开发策略研究,对初中数学实验教学具有指导意义。同时指出研究报告的文本表述要进一步规范,建议课题组对研究成果进一步梳理提炼,加强推广应用,提升课题的辐射推广价值。

第二节　调查报告

一、初中数学实验教学的学情调查报告

(一)调查目的

本次问卷调查的目的是分析目前初中生对数学实验教学的认知情况。

(二)调查对象及基本情况

本次调研选择肥东县城镇和乡村两个区域部分学校的部分初中生,每个学校选取了两个班,调查学生数学实验课的学习情况。

(三)调查方法

采用问卷调查的方法,向样本校(安徽师范大学附属肥东实验中学90人,肥东县第三中学90人,肥东县第四中学90人,肥东县第六中学90人,合肥市第四十五中宝翠园分校80人,肥东县龙塘学校60人,肥东县马集学校50人)共发放550份问卷,最终收回550份问卷。

(四)调查问卷

本调查问卷借鉴了其他学者的调查问卷进行设计,意在了解数学实验教学的开设情况、学生对其了解程度及学习需求,并对这三个方面进行评价分析。以下是学生调查问卷。

初中数学实验教学实施情况的调查问卷(学生卷)

亲爱的同学,你好!为了了解实验教学的实施情况,希望你能抽出宝贵的时间协助我们完成这次问卷调查。本问卷仅供教育研究参考之用,不评价你的学习情

况,采用不记名的形式,问卷的所有回答都将被严格保密,对个人无任何影响,请如实填写,感谢你的支持!(请在符合情况的选项标记√)

1.你了解数学实验课吗?

   A.非常了解　　B.比较了解　　C.一般　　D.不了解

2.你对数学实验课的积极性如何?

   A.厌烦　　B.不反感,谈不上兴趣　　C.有点兴趣　　D.积极性很高

3.你参加数学实验课的次数?

   A.0次　　B.1—2次　　C.3次及以上

   D.没上过,老师偶尔会在数学课上插入类似的活动

4.进行数学实验课时,你愿意主动探究吗?

   A.愿意　　B.不愿意,看老师做　　C.有困难时寻求老师帮助　　D.没必要探究

5.对于数学实验课,你比较认可的学习方式是什么?

   A.全班共同完成　　B.分组,可以和同学们分工合作

   C.独立完成,喜欢具有挑战性的任务　　D.听从老师的安排

6.[多选题]你认为在数学实验课中会有哪些收获?

   A.学会更多知识　　B.开阔视野,锻炼能力

   C.掌握了解决问题的数学方法　　D.学不到什么东西

(五)学生问卷调查结果和分析

(1)你了解数学实验课吗?(如图1-2-1、图1-2-2)

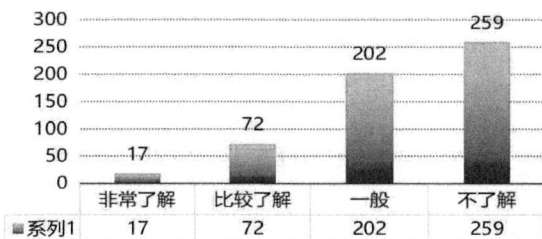

	非常了解	比较了解	一般	不了解
系列1	17	72	202	259

图1-2-1

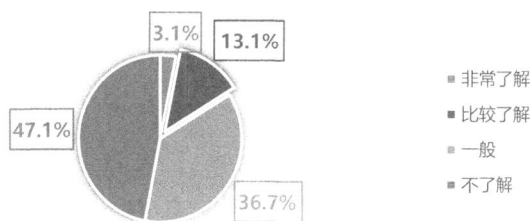

图1-2-2

诊断：调查显示,目前学生对数学实验课了解不多,大约3.1%的学生非常了解,13.1%的学生比较了解,不了解的学生更是达到47.1%,见图1-2-2。这些数据表明,实验教学在平常的课堂教学中实施过少,学生基本不了解数学实验课,这是我们以后教学需要关注的问题。

（2）你对数学实验课的积极性如何?（如图1-2-3、图1-2-4）

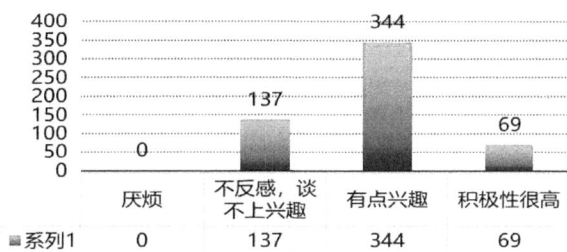

图1-2-3

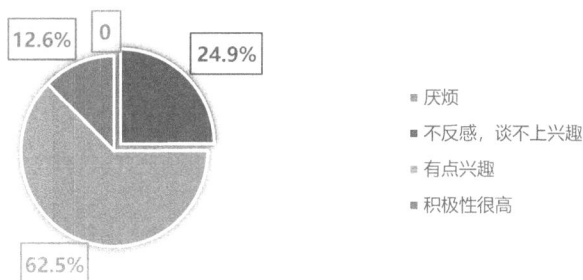

图1-2-4

诊断：调查显示,大约12.6%的学生参与数学实验课的积极性很高,62.5%的学生有点兴趣,24.9%的学生不反感,无人厌烦,见图1-2-4。这些数据表明,数学实验是培养学生学习兴趣的有效方式之一,兴趣是最好的老师,因此我们要创造条件让学生积极参与数学实验课教学。

（3）你参加数学实验课的次数？（如图1-2-5、图1-2-6）

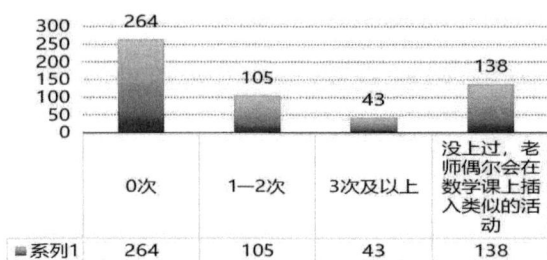

图1-2-5

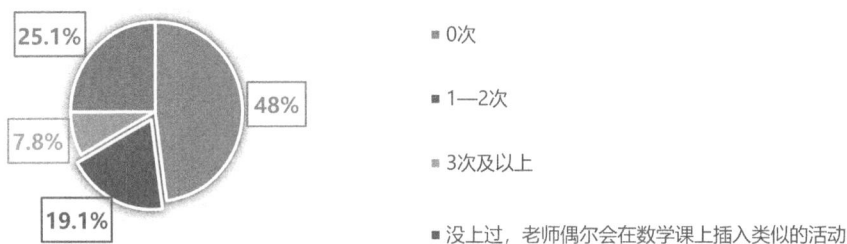

图1-2-6

诊断：调查显示，学生参与数学实验课的机会太少，48%的学生没有上过数学实验课，25.1%的学生偶尔在数学课中体验过，见图1-2-6。究其原因，教师对实验教学的重视程度不够，还没有形成一套实验教学的设计策略与方法，可见研究实验教学非常紧迫。

（4）进行数学实验课时，你愿意主动探究吗？（如图1-2-7、图1-2-8）

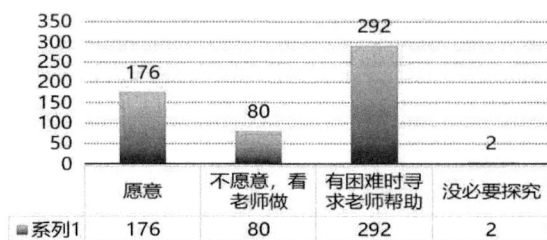

图1-2-7

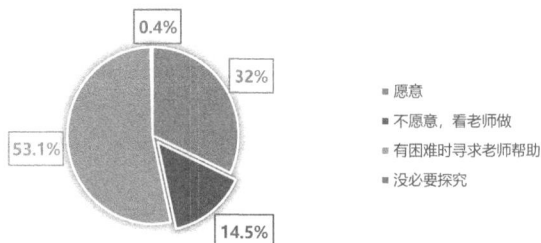

图1-2-8

诊断：调查显示，学生对数学实验课还是想大胆尝试的，大约53.1%的学生只有遇到困难时才找老师，32%的学生愿意主动去探究，见图1-2-8。这些数据表明，学生有积极参与数学实验活动的欲望，在实验中遇到困难时，愿意尝试主动探究解决。因此，数学实验教学有助于锻炼学生的动手操作能力和分析问题、解决问题的能力，培养学生的数学素养。

（5）对于数学实验课，你比较认可的学习方式是什么？（如图1-2-9、图1-2-10）

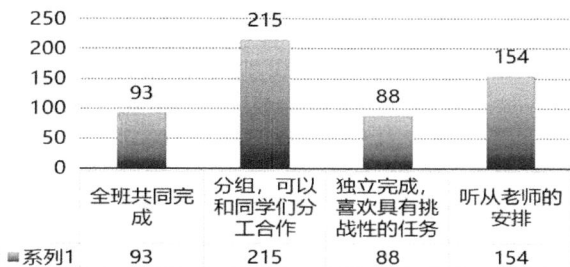

图1-2-9

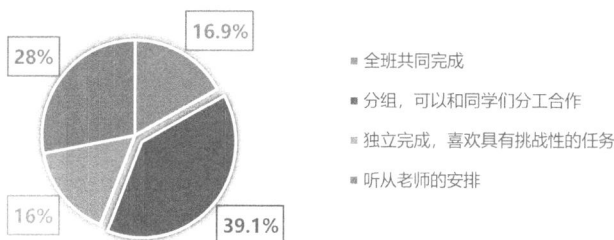

图1-2-10

诊断：调查显示，学生对数学实验课的学习主要存在依赖老师和分组合作两种方式，28%的学生听从老师安排，大约39.1%的学生倾向于分组分工合作完成，见图1-2-10。这些数据表明，不少同学认为数学实验还是要依赖老师指导后动手实践，还有很多学生期望和同学分工合作，达到既缩短实验时间又能培养同学之间感情的目的，同时培养团队合作的精神。

（6）[多选题]你认为在数学实验课中会有哪些收获？（如图1-2-11）

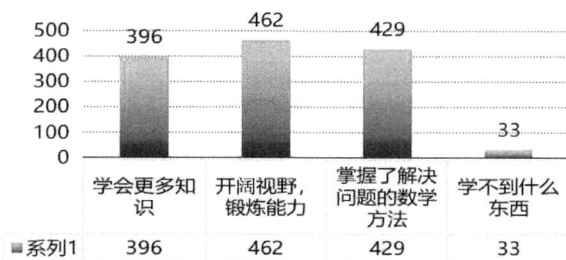

图1-2-11

诊断：调查显示，绝大部分学生认为数学实验课对后续的学习有意义。72%的学生认为实验教学有助于学习到更多课本以外的知识；84%的学生认为有助于开阔视野，提高探究能力；78%的学生认为可以更好地理解解决问题的数学方法。这些数据表明，实验课对学生学习能力、思维能力及动手能力等的培养影响深远。

总结：绝大部分学生对数学实验课有很大兴趣，认为实验教学有助于理解数学知识、提高思维水平、培养动手能力。但是苦于没有现成的教学设计和开发策略可以借鉴，实验教学过程缺乏动手操作的真实体验，更缺少信息技术辅助教学，"体验感"和"直观性"较差，以致实验教学流于形式。因此，亟待开发适合初中数学实验教学的案例。

二、初中数学实验教学的教情调查报告

（一）调查目的

本次问卷调查的目的是分析目前教师开展初中数学实验教学的实际情况。

（二）调查对象及基本情况

本次调查选择肥东县城镇和乡村两地域部分学校的部分初中数学教师，调查教师开展数学实验课的情况。

（三）调查方法

采用问卷调查的方法，向样本校（安徽师范大学附属肥东实验中学18人，肥东县第三中学30人，肥东县第四中学20人，肥东县第六中学15人，合肥市第四十五中宝翠园分校9人，肥东县龙塘学校5人，肥东县马集学校3人）共发放100份问卷，最终收回100份问卷。

（四）调查问卷

本调查问卷借鉴了其他学者的调查问卷进行设计，意在详细地了解教师在数学实验教学中的开设情况、教学需求、实施难点等，并对这些方面进行评价分析。以下是教师调查问卷。

初中数学实验教学实施情况的调查问卷(教师卷)

尊敬的老师,您好!本问卷是为了了解实验教学的实施情况而设计的,问卷调查采用不记名的形式,希望您能抽出宝贵的时间如实填写,感谢您的配合!(请在符合情况的选项标记√)

1.您认为数学实验教学重要程度如何?

　A.非常重要　　B.重要　　　C.一般　　　D.不重要

2.您每学期实施(或计划实施)数学实验教学有几次?

　A.0次　　B.1—2次　　C.3—4次　　D.5次及以上

3.您教学以来是否接受过数学实验内容的相关培训或交流研讨?

　A.没有开展过　　　B.开展过一两次　　　C.有时会开展　　　D.开展比较频繁

4.您认为数学实验指的是什么?

　A.类比猜想　　B.猜想验证　　C.生成发现　　D.情境模拟

5.在数学实验的教学中,您意向采用哪种形式?

　A.直接讲解,学生较少探究　　　B.详细指导,引导探究

　C.粗略指导,学生自主探究　　　D.不指导,独立完成

6.[多选题]您认为开展数学实验教学时,课例的主要来源是什么?

　A.教材中现成的案例　　　B.课本内容的拓展与改编

　C.网络与他校资源　　　　D.自己开发资源

(五)教师问卷调查结果和分析

(1)您认为数学实验教学重要程度如何?(如图1-2-12、图1-2-13)

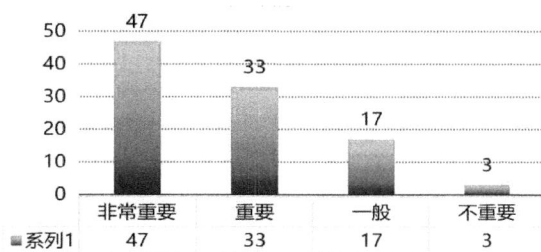

	非常重要	重要	一般	不重要
系列1	47	33	17	3

图1-2-12

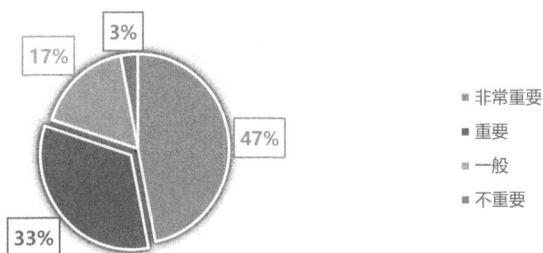

图 1-2-13

诊断：调查显示，目前初中数学教师认为数学实验课还是很重要的，认为非常重要和重要的教师占80%，只有3%的教师认为不重要。这些数据表明，数学教师对实验教学是很期待的，也想提升实验教学的效果。

（2）您每学期实施（或计划实施）数学实验教学有几次？（如图1-2-14、图1-2-15）

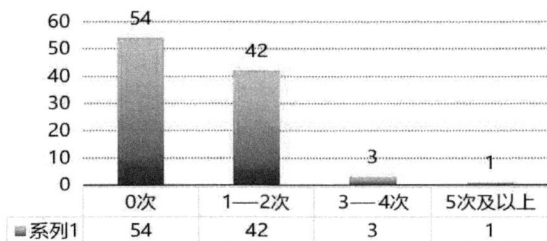

图 1-2-14

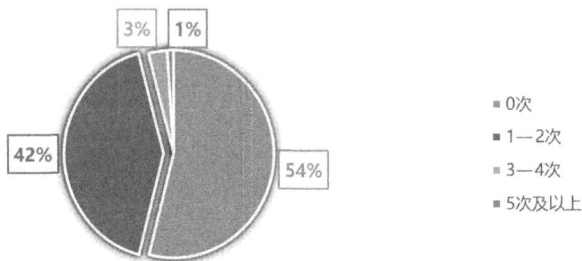

图 1-2-15

诊断：调查显示，目前教师开展数学实验教学的次数较少，42%的教师每学期开展1—2次，开展5次及以上占1%，还有54%的教师从未开展过数学实验教学。这些数据表明，多数学校或教师担心开展数学实验课影响教学进度，加上升学压力，不想因实验活动影响教学进度。

（3）您教学以来是否接受过数学实验内容的相关培训或交流研讨？（如图1-2-16、图1-2-17）

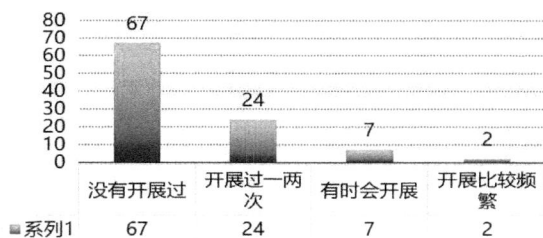

图 1-2-16

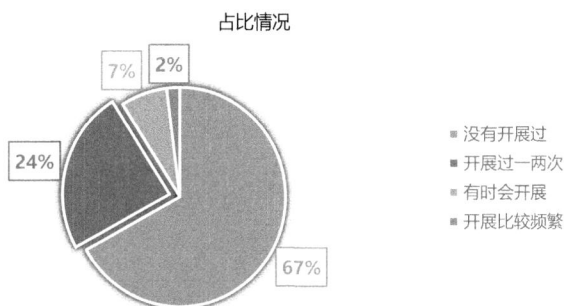

图 1-2-17

诊断：调查显示，目前初中数学实验教学培训研讨活动的开展有待加强，24%的教师接受过一两次与数学实验内容相关的培训或交流研讨，接受培训比较频繁的只有2%，还有67%的教师从未接受过相关的培训或研讨。因此，开展好实验课除了需要教师钻研教法外，还需加大对师资理论和实践方面的培训，才能提高实验教学的效果。

（4）您认为数学实验指的是什么？（如图 1-2-18、图 1-2-19）

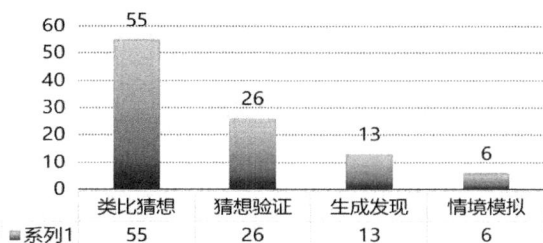

图 1-2-18

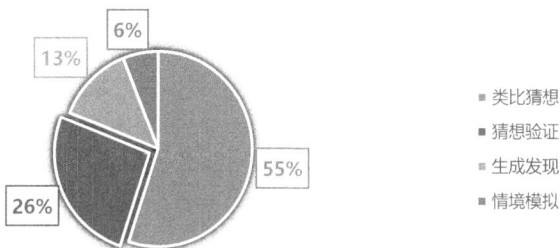

图 1-2-19

诊断：调查显示，目前教师对数学实验的认识多种多样，认为数学实验指的是类比猜想的占55%，认为数学实验指的是猜想验证的占26%，认为数学实验指的是生成发现的占13%，认为数学实验指的是情境模拟的占6%。这些数据表明，教师认为实验活动形式多样，但多数是指类比猜想和猜想验证，借助信息技术的实验方案并不多见。

（5）在数学实验的教学中，您意向采用哪种形式？（如图1-2-20、图1-2-21）

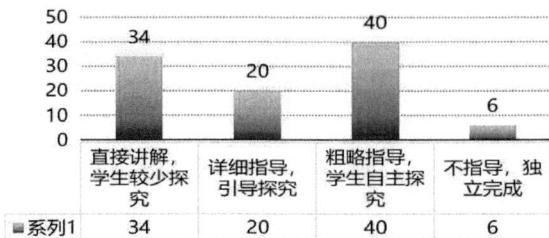

图1-2-20

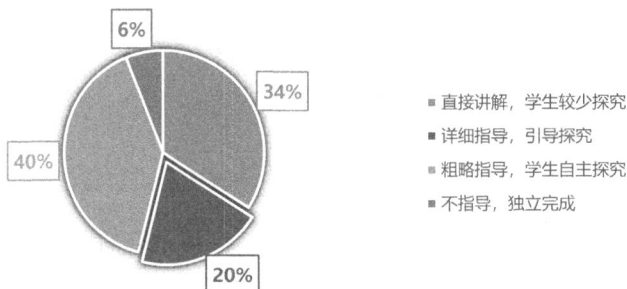

图1-2-21

诊断：调查显示，目前数学实验课的教学形式偏重于教师引导下学生进行探究，20%的学生需要教师详细指导才能完成实验，更有34%的学生在教师直接讲解的情况下完成数学实验。这些数据表明，学生在数学课堂上相当部分是"填鸭式"教学，真正通过动手操作发现问题的学生占比不高。

（6）[多选题]您认为开展数学实验教学时，课例的主要来源是什么？（如图1-2-22）

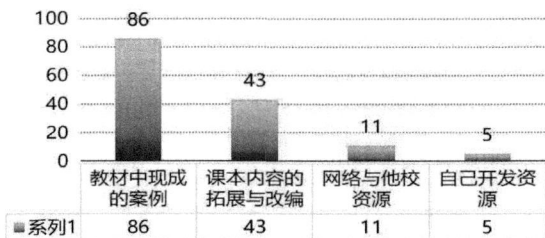

图1-2-22

诊断：调查显示，目前数学实验教学案例的来源多数还是依赖于教材，直接用教材中现成案例的教师占86%，仅43%的教师对课本内容进行拓展与改编，只有5%的教师自己开发资源。这些数据表明，绝大部分教师的实验案例选自教材及改编，自己主动开发资源的占少数。因此，开发数学实验的教学案例和策略显得非常必要。

总结：大部分教师虽然对初中数学实验教学的认识不足，但认同实验课教学有助于提升学生素养。对于初中数学实验教学素材的来源，大部分教师依赖于教材，但是教材中实验教学案例较少，教师缺乏符合教情的典型实验教学案例可供借鉴，更缺乏实验设计策略，这正是本课题需要研究和解决的问题。

三、调查结论

实验教学实施现状分析：基于学生调查问卷结果和教师调查问卷结果两方面数据，可知绝大部分学生对数学实验课抱有极大兴趣，期待教师加强实验教学。大部分教师更看重学生的成绩，过度强调书面作业，忽视实验教学的设计，以致实验教学流于形式，并未真实地开展。教材中的实验教学内容亟待丰富，更需要探索不同类型实验案例的开发策略。

课题研究实施路径分析：首先，融入信息化2.0设计典型实验教学案例；其次，开展数学实验教学论证研讨活动；最后，案例研究中要突出路径、方法和策略研究，提炼不同类型的数学实验设计策略。

第三节　成果价值

一、研究成果

融入信息化2.0手段的数学实验教学实现了信息技术与教学的深度融合，有助于构建新型的数学实验教学范式。本书研究的基本思路是，从问卷调查入手，通过数据分析和诊断,掌握学生学习数学实验的难点、堵点和教师教学中的痛点、困惑点,然后确定研究案例进行实验,打磨录制实验教学视频,并将案例的研究过程总结提炼,形成经验和方法,再通过设计典型课例教学实践加以完善、发展和固化。

研究发现,融入信息化2.0手段的数学实验教学,不是对传统教学的否定,而是依托信息技术,基于学科特点适度融合,创新实验教学。因此,信息化2.0背景下的初中数学实验教学是以学生的探究活动为依托,凸显信息化2.0背景下的"实践性""信息性"和"有效性",全面提高初中数学实验教学质量。

(一)融入信息化2.0制订教学设计策略,为实验教学提供"行动指南"

根据皮亚杰的建构主义理论,传统的数学实验教学只强调单一学科的知识和技能,重结果轻过程,缺乏探究知识的过程,不利于学生发散思维和创新能力的培养。而在信息化2.0背景下,在解决实际问题的过程中创设合理的信息化学习环境,能提升学生的探究热情,激发学生的想象力,提高学生的信息素养。因此,在设计教学过程时依托信息技术,融入信息化2.0会让教学设计更合理、更科学,使课堂由重知识和技能的传授转向重能力和素养的提高。

具体来说,融入信息化2.0的教案设计体例为"教材分析→实验器材→实验创新点→实验设计思路→实验教学目标→实验教学过程→实验教学反思→实验设计报告(根据情况可选)"。

这种设计克服了传统的数学实验教学设计中片面重视教师讲解和逻辑推理的缺点,要求教师在读透教材的基础上,研读课程标准,寻找融合点,在重难点处设计数学实验,借助信息技术辅助教学,真正使教学设计成为教师教学的"行动指南"。

(二)融入信息化2.0实施课堂教学,为实验教学提供"实践策略"

《义务教育数学课程标准(2022版)》指出:"教师可以利用信息技术对文本、图像、声音、动画等进行综合处理,丰富教学场景,激发学生学习数学的兴趣和探究新知的欲望。利用数学专用软件等教学工具开展数学实验,将抽象的数学知识直观化,促进学生对数学概念的理解和数学知识的建构。"

根据杜威的"做中学"理论和结合情境认知学习理论,在实验教学中,我们可以将实验设计和信息技术合理融合。在传统设计"不能完全做到或做不到"的地方,我们可以合理适时地运用信息技术辅助实验,克服传统教学手段无法解决的"弊端",改变实验过程的呈现方式,使得数学实验更加生动形象,突出学习的实践性和探究性,促进学生多感官参与,从而提高数学实验教学的效果。

本书初步开发具有县域特色、形象直观且易于操作的典型案例,以及可借鉴的实验教学设计策略,实现在数学实验中借助信息技术,提高实验教学的直观性和准确性,实现信息化2.0和数学实验教学的深度融合,创新了实验教学形式,提高了学生的信息素养。

成果一:"数与代数"实验教学案例设计的基本策略

因为代数课偏重于逻辑推理、数学运算等,将抽象的知识通过实验操作和信息技术手段直观地展示出来,这是比较困难的,所以"数与代数"实验教学案例设计策略是"教师深备→指导学生→实施教学→优化实验设计(融入信息技术)",帮助学生有效突破教学重难点。(如图1-3-1)

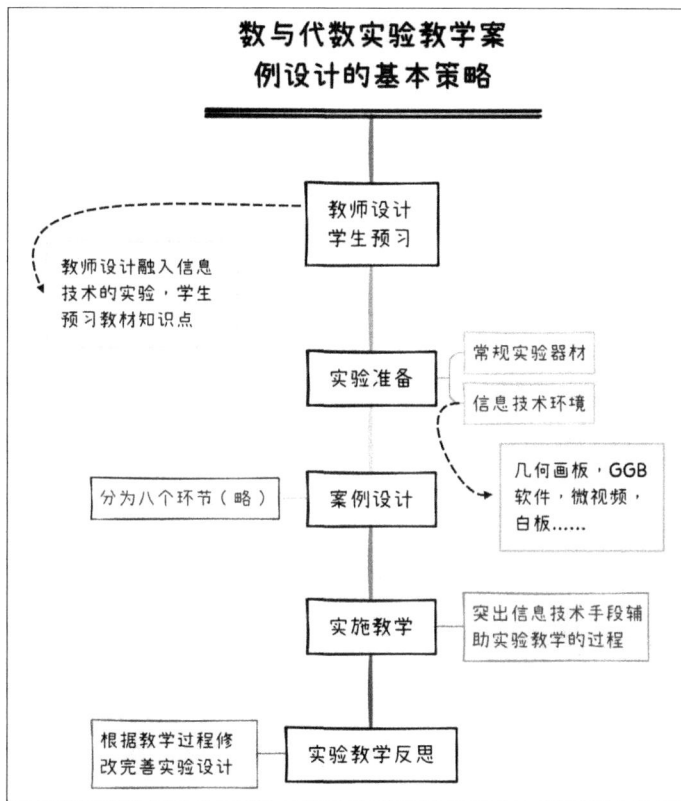

图1-3-1

成果二:"图形与几何"实验教学案例设计的基本策略

因为几何课比较形象直观,学生相对容易制作相关模型、动手操作、观察结果,所以"图形与几何"实验教学案例设计策略是"学生先行,展示实验,教师点评,媒体展示

（融入信息技术）"，即事先安排学生预习教材，设计实验，课堂展示，教师点评归纳，运用信息技术手段进行直观演示。（如图1-3-2）

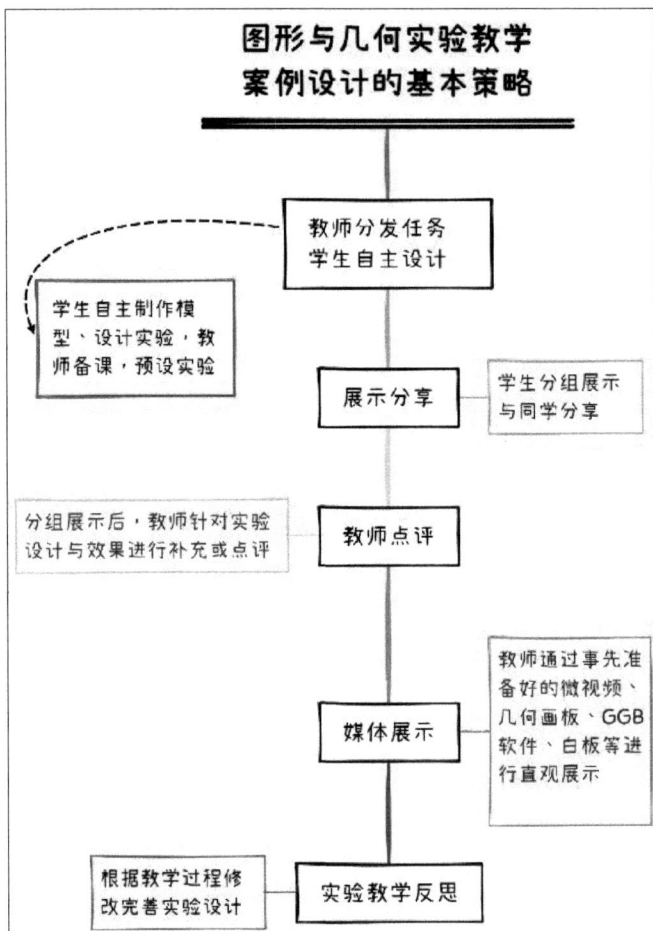

图1-3-2

成果三："统计与概率"实验教学案例设计的基本策略

虽然统计与概率实验设计相对容易，但是器材选用、实验方法、数据统计方式等不同会导致实验精度差别很大。因此，"统计与概率"实验教学案例设计策略是"师生同备，分组展示，共同完善（融入信息技术）"，即学生分组设计实验，课堂展示，师生共同分析实验的优缺点，通过信息技术手段完善实验。（如图1-3-3）

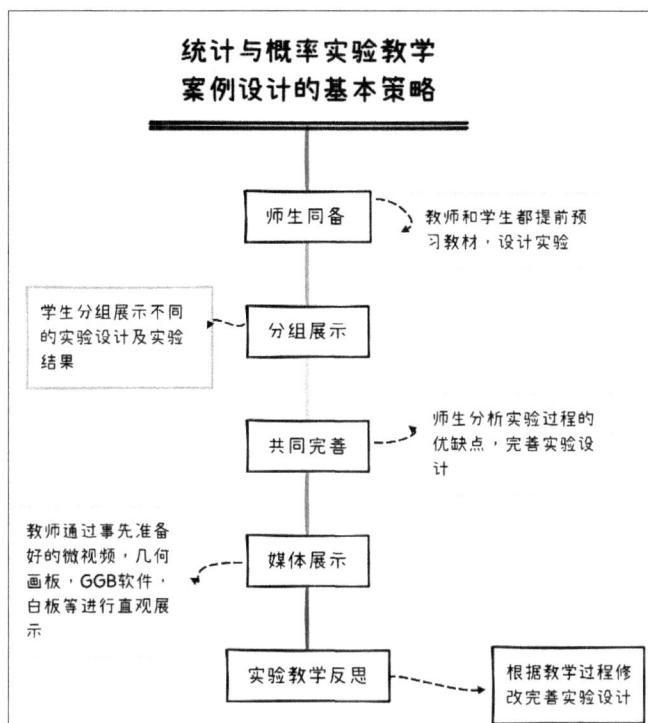

图 1-3-3

二、研究创新

（1）充分了解学情教情，适时开展课题实验。课题研究伊始，课题组通过对学生和教师的调查问卷进行分析，明确绝大部分学生对数学实验课抱有极大兴趣，期待教师加强实验教学。但大部分教师过度强调书面作业，忽视实验教学。教师开展的少量实验教学，苦于没有现成的教学设计和开发策略可以借鉴，实验教学缺乏动手操作的真实体验，更没有信息技术辅助教学，学生缺少"体验感"和"直观性"，以致实验教学很多流于形式。由此可见，教材中实验教学内容亟待丰富，更需要探索不同类型实验案例的开发策略。调查分析找到了课题研究的方向和突破口，为课题实施做好了准备工作。

适逢芜湖市繁昌区中小学信息化 2.0 培训班与安徽师范大学附属肥东实验中学开展交流活动，所以课题组决定举行课例研讨活动，基于信息化 2.0 设计打磨一节初中数学实验教学案例"不等式及其基本性质"，课题组核心成员、安徽师范大学附属肥东实验中学的汪淼老师进行全县公开展示，受到与会教师一致肯定，为下一步课例设计和实施教学研究做了很好的铺垫。这是研究方法的创新。

（2）开展实验教学比赛，推动课题深入研究。本课题的研究过程中，适逢合肥市教育科学研究院下发了《关于举办2022年合肥市中小学实验教学说课大赛的通知》，课题组组织成员积极参加比赛。在备赛过程中，课题组成员对参赛的不同课例进行深入研究，打磨录制实验教学视频，提炼了融入信息化2.0设计教学方案和实施教学的策略。最终课题组核心成员汪彪老师的作品"设计最佳方案测高"荣获合肥市二等奖、肥东县一等奖；课题组主持人徐黎明老师的作品"估算瓶中的豆子数"荣获合肥市三等奖、肥东县一等奖；课题组成员汪淼、高将、詹灿璨老师荣获肥东县一等奖，朱茂福、黄惠老师荣获肥东县二等奖。这是研究过程的创新。

（3）举办课题展示活动，做好成果辐射推广。为了将课题研究的成果推广好、使用好，让研究成果在教学实践中扎根应用，课题组采取了三条措施。一是在研究过程中先后举行两次面向全县的课例展示和专题讲座活动，芜湖市繁昌区中小学幼儿园信息化管理团队能力提升工程2.0整校推进研修班全体学员参加了第一次研讨活动。二是课题研究中期，课题主持人徐黎明、课题组核心成员汪淼老师担任长丰县、和县青年骨干教师研修培训专家组成员，开展了线上课题讲座。目的是加强课题研究成果的辐射带动作用，让县域内外更多的教师了解和掌握融入信息化2.0的数学实验教学模式和设计策略。三是课题组精心编制13节融入信息化2.0的教学设计，基本涵盖了数与代数、图形与几何、统计与概率三个模块的典型案例，供教师借鉴和使用。课题组成员录制了9节实验教学示范课放在百度网盘，供教师下载观摩学习。这是成果转化的创新。

三、研究价值

融入信息化2.0的数学实验教学，实现信息技术与教学的深度融合，克服传统教学手段无法解决的"弊端"，改变实验过程的呈现方式，使得数学实验更加生动形象，促进学生多感官参与，培养学生的信息素养，提升了实验教学的效果，有助于构建新型的数学实验教学范式。在近两年的研究过程中，课题组成员通过上县级展示课、校内公开课、开展讲座等一系列教研活动，推广课题研究成果，改变了教师的教学理念，优化了数学实验教学，提高了教师的实验教学能力，催化了实验教学的创新。

（一）师生受益——提升了教学效果

在学校的教研活动中,课题组成员主动请缨上示范课,展示信息技术与数学实验教学的深度融合,探索实验教学的开发策略,推广课题研究成果。课题组精心编制19节融入信息技术的实验教学设计,并将其汇编成册,供教师借鉴使用。课题组成员录制了9节实验教学视频放在百度网盘,供教师下载观摩学习。

在合肥市2022年中小学实验教学说课大赛中,汪彪老师的作品"设计最佳方案测高"荣获合肥市二等奖、肥东县一等奖;课题主持人徐黎明老师的作品"估算瓶中的豆子数"荣获合肥市三等奖、肥东县一等奖;课题组成员汪淼、高将、詹灿璨老师荣获肥东县一等奖,朱茂福、黄惠老师荣获肥东县二等奖。在2022年合肥市中小学教育教学论文评比活动中,课题组成员汪淼老师撰写的论文《信息化手段下创新数学实验教学设计探讨》与汪彪老师撰写的论文《信息技术支持下初中数学实验教学策略的探讨》荣获合肥市二等奖;汪彪老师荣获合肥市2022年初中数学综合素质大赛和优质课比赛市级二等奖,汪淼老师荣获合肥市"教坛新星"荣誉称号。

（二）辐射推广——催化了教学创新

课题组分别于2022年3月1日和2023年3月10日在肥东县举办了课例研讨活动和专题讲座活动。课题组核心成员汪淼、朱茂福老师分别执教"不等式及其基本性质"和"用频率估计概率",课题组全体成员、孙家和名师工作室全体成员和全县部分教师参加活动,芜湖市繁昌区中小学幼儿园信息化管理团队能力提升工程2.0整校推进研修班全体学员参加了第一次研讨活动。课题组教学打破了传统的教学方式,先通过学生自主探究、分组实验,再通过学生动手操作,结合信息技术模拟实验,层层递进,不断深入,让学生在潜移默化中达成教学目标,有效突破教学重难点,催化了教学创新。课题第一负责人孙家和老师作了题为"关于实验教学案例撰写的思考与建议"和"例谈初中数学实验教学的设计策略"的专题讲座,课题第二负责人徐黎明老师作了题为"信息化2.0与课堂教学"的专题讲座,全县近200人次的教师参与活动,深受启发并给予高度评价。

2022年4月至5月,安徽师范大学附属肥东实验中学与安徽师范大学继续教育学院合作,课题主持人徐黎明老师、核心成员汪淼老师担任长丰县、和县青年骨干教师研修培训专家组成员,开展了线上课题推广讲座活动。徐黎明老师主讲的课题是"几何画板在现代数学教学中的应用",汪淼老师主讲的课题是"聚焦实验说课,发展核心素养",这些推广融入信息技术的实验教学案例,受到参训教师一致好评。

2022年度,课题组成员参加各类比赛获安徽省作业设计大赛一等奖6人次,省优质课二等奖1人次,省课件评比三等奖1人次,各类评比市级一等奖8人次,市级二等奖19人次,市级三等奖17人次。这些奖项是课题研究成果的最好体现。

四、研究反思

本课题的研究历时近两年,我们在收获的同时也在不断地反思。依托信息技术,融入信息化2.0进行初中数学实验教学案例的设计,通过研究和实践提炼出数与代数、图形与几何、统计与概率实验教学案例的设计策略,基本达到了可操作、可借鉴、可推广的要求。但是,有的课例还没有开发出与信息化2.0深度融合的实验教学设计,需要课题组进一步完善。

本课题研究的短板是融入信息化2.0设计数学实验教学的策略缺少理论引领,关于提升数学实验教学的效度如何测量,值得课题组进一步研究。

第二章

研究论文

第一节　借助信息技术　提升实验教学效果

——以"利用几何概率估算圆周率"教学为例

数学实验是以"做"为支架,通过认知与非认知因素双重参与,自主设计实验过程,操作相关工具发现问题或验证结论,进而理解知识的一种学习方式。通过亲历数学家发现和验证结论的过程,培养学生的"四基",增强"四能",从而提高学生的实验探究与设计能力。

初中数学沪科版教材中虽然安排了与数学实验有关的"综合与实践""阅读与思考""数学活动""信息技术应用""阅读与欣赏"等选学内容,但是可作为实验教学的内容并不多,更缺乏具体的实验教学设计策略,导致初中数学实验教学存在着"虚化""弱化"等现象,甚至有的教师直接将其作为自学内容,教学上出现较大的随意性。

基于此,本节以沪科版数学九年级下册第26章"概率初步"的"阅读与思考"栏目中"几何概率"内容为基础,设计"利用几何概率估算圆周率"实验教学案例,介绍实验教学的设计策略。

一、实验案例背景

"几何概率"安排在九年级下册第26章"概率初步"的"阅读与思考"栏目,是在学生学完古典概率后的阅读内容。学生已经了解随机事件及古典概率的概念,会计算随机事件发生的概率,基本掌握了数据收集与处理的一些方法及概率知识在实际问题中的应用。因此,在本节课教学之前,预先布置学生阅读课本内容,自己准备器材,设计实验过程,尝试估算圆周率π。教学中,通过分析实验过程,不断地改进实验方法,提高实验效果,培养学生的实验探究能力。

二、实验教学过程

(一)教学环节1:创设情境,导入新课

上课前,播放一段网络视频《圆周率的定义及发展史》,介绍我国魏晋时期数学家刘徽在张衡研究思路的基础上,利用"割圆术"求出了较准确的圆周率。南北朝时期的数学家祖冲之基于刘徽的割圆术,计算出圆周率π的值在3.1415926和3.1415927之间,他的这一成就,领先西方国家约1000年! 播放视频一方面让学生了解我国古代杰出的数学成就,增强民族自豪感和文化自信,另一方面激发学生探求圆周率的兴趣,为本节课的学习做好铺垫。

问题1:如图2-1-1,已知边长为$2a$的正方形及其内切圆。

(1)抛掷一粒豆子,求豆子落到圆内的概率;

(2)随机抛掷10粒豆子,求落入圆中的豆子数是多少?

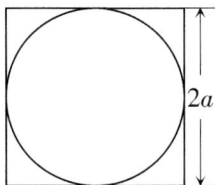

图2-1-1

请学生分组讨论。

学生在讨论的过程中,很容易发现,本题的计算与前面所学的古典概率知识不一样,因为"基本事件"即"点"的个数有无穷多个,无法计算。此时,教师顺势引出课题,指出这就是"几何概率"。通过分析,学生直观感觉可以通过两者的面积比来计算,即

豆子落到圆内的概率$= \dfrac{\text{圆的面积}}{\text{正方形的面积}} = \dfrac{\pi a^2}{4a^2} = \dfrac{\pi}{4}$,此时,教师对同学们积极的思考给

予肯定。接下来师生共同分析第(2)题,因为$\dfrac{\pi}{4} = \dfrac{\text{圆中豆子数}}{\text{豆子总数}}$,所以圆中豆子数为

$\dfrac{\pi}{4} \times 10 = \dfrac{5\pi}{2} \approx 8(\text{粒})$。

【设计意图】第(1)题从学生已有的知识背景和生活经验出发,引发认知冲突,提出几何概率的概念。第(2)题激发学生的探究兴趣,由浅入深,应用几何概率解决问

题,为圆周率估算实验做准备。

(二)教学环节 2：设计实验，估算 π 值

问题 2：根据问题 1，你能设计一个实验，估算圆周率 π 的值吗？请同学们拿出自己带的实验器材，分组合作完成实验。

小组 1 代表：由第（1）题可以得到：$\pi = \dfrac{\text{圆中豆子数}}{\text{豆子总数}} \times 4$。因此，我们组撒了 100 粒豆子，计算落在圆中的豆子数与落在正方形中的豆子数之比，从而估算圆周率的值，我们组估算的结果是 2.606。

教师：其他组有没有不同做法？

小组 2 代表：我们组用的方法和第一组一样。但是，每次撒豆时，发现有的豆子恰好在圆周上，对这种情况做了分类处理。并且，我们组 4 个人，每人做了 5 次实验，总共做了 20 次，分别统计并计算了它们的平均值（如图 2-1-2）。当落在圆周上的豆子数不算在圆内，估算出圆周率的值为 2.408；当落在圆周上的豆子数一半算在圆内，估算出圆周率的值为 2.554；当落在圆周上的豆子数全算在圆内，估算出圆周率的值为 2.7。

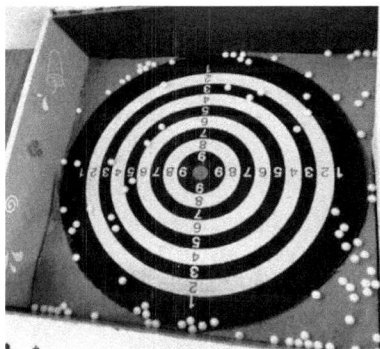

图 2-1-2

教师：很好！第 2 组不仅收集处理了大量的实验数据，而且观察非常仔细，对可能出现的情况做了分析比较，大家要学习他们严谨求实的态度！那么，为什么估算值与圆周率 π 的真实值差距比较大呢？

师生共同分析得到：由于正方形纸盒的底面可能凹凸不平、豆子不是绝对球体等客观因素，实验结果和圆周率 π 的值误差较大。

【设计意图】通过分组操作实验，培养学生的动手能力，增强合作意识；对实验结果进行分析，促使学生反思实验过程，提高实验分析的能力，培养学生科学的探究精神。

（三）教学环节 3：质疑结果，改进实验

教师：怎样改进实验方法才能使得实验的结果更准确呢？

小组 3 代表：我们组在家里做的是"投掷飞镖"实验，这个实验可以克服"撒豆"实验的弊端。具体做法是：事先将飞镖靶面用正方形白纸粘贴覆盖，并将飞镖盘垂直悬挂离地一定距离，实验员站在固定距离投掷飞镖。每投掷一次，用记号笔标注投掷点，以方便统计。然后计算投中圆面（飞镖盘）的"点"数与投掷次数（50 次）之比，以此来估算圆周率的值。我们组 4 人，每人做了 50 次实验，统计得到投中飞镖盘的平均次数为 41 次，计算出 $\pi \approx \dfrac{41}{50} \times 4 = 3.28$。

教师：很好！小组 3 的实验方法克服了纸板表面凹凸不平、豆子不是绝对球体等客观因素。但是，投掷飞镖与人的因素有很大关系！虽然用白纸覆盖了"靶面"，但是大家在掷飞镖时，总是想投中"靶心"，这样就会导致更多的投掷点集中在圆内，造成了估算值与圆周率 π 的误差！

【设计意图】通过不断地改进实验方法，鼓励学生创新实验设计，培养了学生勇于探索的科学精神，同时指出实验的不足之处，为信息技术手段的引入做好铺垫。

（四）教学环节 4：几何画板，精确实验

教师：刚才两个小组给出了自己的实验方法，但是都存在一些不足。一方面，他们无法克服自制实验器材的缺陷和人为因素的干扰；另一方面，实验次数无法重复多次。怎么办呢？也就是说，我们的实验需要可重复性、标准性和准确性。请同学们想一想，借助什么工具可以达到上述要求？

（教师稍作停顿，此时学生不约而同地提到了计算机）

教师：对！我们可以借助信息技术手段。

此时，教师打开电脑，利用课前做好的几何画板模拟"撒豆"实验，估算圆周率。通过演示不同的"撒豆"数量，让学生体会到随着实验次数的增加，估算值与圆周率 π 的真实值越来越接近。（如图 2–1–3）

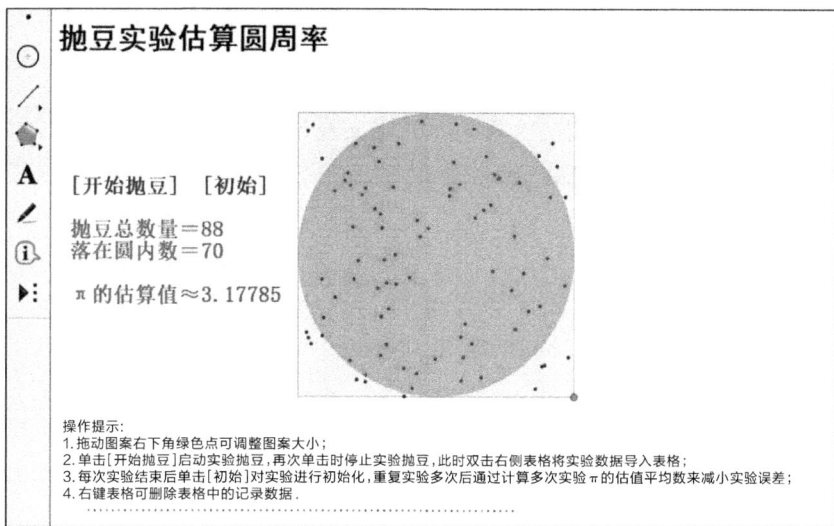

图 2-1-3

【设计意图】利用几何画板演示"撒豆"实验估算圆周率,不但克服了上述实验方法的弊端,而且可以"无限"次地做实验,有效提高实验的准确率,让学生感受到信息技术手段的"威力"。

三、感悟与思考

数学实验不仅能帮助学生掌握所学的内容,而且能让学生通过亲身实践感受到探究的快乐,在"做"的过程中积累数学活动经验,为"四基""四能"的培养和学科核心素养的发展创设良好的情境,有效提高学科的育人价值。

(一)体验实验改进过程,培养探究精神

在本节实验教学中,学生自己制作边长为 $2a$ 的正方形纸盒,通过"撒豆"实验来估算圆周率。学生依次经历了"撒1组豆子→撒20组豆子(统计豆子的分布情况)→掷飞镖→几何画板模拟撒豆"四次实验设计,每一次实验后,引导学生用科学家的视角观察实验过程,思考实验中存在的弊端,亲历数学结论的探究过程。一方面,培养了学生数据分析和数学建模等概率统计的基本观念。另一方面,学生了解了可能影响数学实验结果的因素,即实验器材本身的缺陷和人为因素等;掌握了提高实验效果的途径,为以后设计其他数学实验提供了参考;培养了数学实验的基本技能和基本思想,积累了基本活动经验,发展了理性的科学探究精神。

(二)融入信息技术手段,提高实验效果

引入新课时,利用多媒体播放《圆周率的定义及发展史》。一方面,让学生了解我国古代的数学成就,激发学生的民族自豪感,达到学科育人的目的;另一方面,激发学生学习新知的兴趣,为新课教学做好铺垫。实验教学中,引导学生经历数据收集、整理分析的过程,通过用眼观察、动手操作、主动思考,寻找实验存在误差的原因。师生共同分析后发现,实验器材本身的缺陷和大量重复实验的"人为"因素是传统实验方法无法克服的!自然地过渡到利用信息技术改进实验(如图2-1-4),符合学生的认知规律,有助于培养学生运用信息技术解决实验问题的意识。

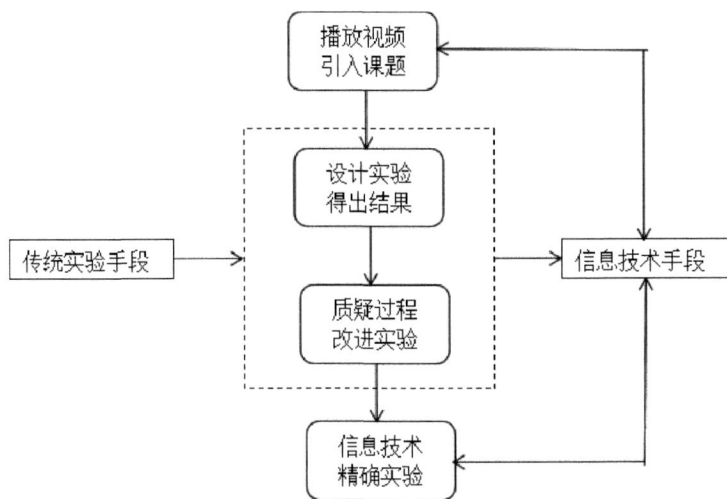

图2-1-4

《义务教育数学课程标准(2022年版)》指出:"教师可以利用信息技术对文本、图像、声音、动画等进行综合处理,丰富教学场景,激发学生学习数学的兴趣和探究新知的欲望。利用数学专用软件等教学工具开展数学实验,将抽象的数学知识直观化,促进学生对数学概念的理解和数学知识的建构。"

因此,根据《义务教育数学课程标准(2022年版)》精神,在实验教学中,要将实验设计和信息技术进行合理的融合,在传统设计"不能完全做到或做不到"的地方,合理适时地运用信息技术辅助实验。一方面,克服传统教学手段无法解决的弊端;另一方面,改变实验过程的呈现方式,使得数学实验更加生动形象,促进学生多感官参与,提高数学实验教学的效果。

第二节　信息化2.0背景下初中数学实验课开展路径探究

《义务教育数学课程标准(2022年版)》指出,当代数学教育教学要紧随时代变化,科学技术的提高昭示着数学教学最大的变化是要"促进信息技术与数学课程融合"。如何合理利用现代信息技术,使用数学技术解决数学教学中出现的问题,是新时代数学教学面临的一大挑战。在义务教育阶段,把握好新课标的方向,需要从知识与行为两方面入手,并且尝试运用信息技术进行创造性教学。因此,信息技术指导下的数学实验教学是当下信息时代的研究主流。教师应当借助信息化资源、信息化思维和具体的信息化手段使这一实验操作过程更加流畅,更为高效。

一、数学实验教学的内涵、特征

(一)内涵

(1)数学实验教学目的是让学生自己经历知识、感受知识,模拟数学知识的生成过程,体验发现知识、解决问题的新过程。这既让学生走进生活中的数学,又让学生的学习思维定位于数学服务生活,使得接受式学习变为实践操作探索式学习。

(2)数学实验不是一般的物理、化学实验,其是基于数学知识的特点,引导学生开发创新能力和科研意识,培养数学思维。学生亲自参与了知识的形成过程,发现并掌握了知识形成的重要方法,并将其方法运用于解决实际问题。

(3)数学实验操作不同于简单的数学建模,而是更侧重于在信息技术环境下让学生主动发现、分析并验证结论,其可以成为一种数学建模的准备过程,帮助数学建模顺利完成。

(二)特征

(1)数学实验教学是以特定的数学问题为核心,由问题引出一系列思考和操作的过程,问题是整个活动的起始点和落脚点。

(2)数学实验教学以学生为课堂主体,主要是学生在实践操作中解决自己发现的问题,引导学生将这一过程凝练为数学思维、数学方法和数学技巧,并通过一系列的反思,丰富自己的数学认知。

(3)数学实验教学将现代科学技术作为有效辅助方法,既形成以信息技术为中心的模拟实验环境,又能够借用信息资源拓宽实验资源和实际问题解决的渠道。

(4)数学实验教学重视操作过程中师生之间的相互交流、相互沟通和能动性分析,而非像传统教学过程中教师单向地输出知识。

二、信息化2.0背景下初中开展数学实验教学的必要性

信息化2.0是基于信息化1.0时代的信息化教育概念所提出的升级版教育策略,其更关注互联网模式下人才培养新形势的发展,主要是要求教师探索全新的教育理念,革新传统的教育形式,打造"互联网+"和"人工智能+"的教育新格局,解决学什么、怎么学、在哪儿学等一系列问题,使得师生关系在不同的学习环境和学习方式的带动下实现升级。初中数学实验教学可以突破传统中学数学教育模式给学生带来的束缚,引导学生创新性学习,发展个人的全面能力,培养学科核心素养。信息化2.0背景下初中数学实验教学对提高数学学科育人价值,培养学生正确的价值观、必备品质和关键能力起着非常重要的作用,主要表现在以下几方面。

(一)有利于实验教学形式的创新

学习方式的变革是新一轮基础教育课程改革的显著特征。信息化2.0对教育教学理念和模式的创新具有重要作用。充分发挥信息化2.0的技术支撑作用,将信息技术融入初中数学实验教学中,可以更好地促进信息技术与实验教学的深度融合。这不仅能激发学生的学习兴趣,还有助于开发与初中数学内容紧密结合的、形象直观且易于操作的实验教学课例,获得传统教学难以实现的教学效果。

(二)有利于学生学科核心素养的培养

数学实验不仅能帮助学生理解所学的概念,还能让学生通过亲身实践真切地感受到探究的快乐,在"做"和"思考"的过程中积累数学活动经验,为创新意识的培养与创

新能力的发展创设良好的情境。

1.转变学生学习思维

在初中数学实验教学过程中,学生自己通过实验操作解决问题,使得教师的角色和学生的地位都发生了转变。学生不再仅仅依赖教师的讲解和知识输出,而是主动探索知识,灵活运用一系列方法来解决实际问题。这有助于学生培养探究问题的能力和学习意识,重视学习习惯,并转变学习思维。

2.培养学生数学应用意识

传统的数学教学过程忽视了对学生数学思维的培养,而应用实验操作教学模式能够让学生在教师构建的、具有一定挑战性的虚拟情境中认知数学知识,培养学生的问题意识和置疑精神,并在学习过程中逐步培养他们的发散性、创新性数学思维。

3.发展学生综合能力

操作型初中数学实验教学更能够让学生将完成实践的这一过程提炼出来,学生的学习意识在这一过程中得以形成,学习方法得到验证,学习思维在反思和总结中转变。整个过程是学生知识学习、能力发展和数学素养提高的过程,有效地开展这一教学形式有助于学生发展自己的综合能力。

三、信息化2.0背景下初中数学实验教学策略

(一)数学实验教学开展基本流程

操作型数学实验教学的重点是学生对一系列或某一类实物模型、教具等的动手操作,在教师所搭建的问题情境中逐步探索知识,验证自己先前的问题猜想,从而得出数学结论,再整理整个过程,反思这一想法。基本的步骤是教师创设情境,学生提出问题,小组同学讨论分析问题,小组之间交流,提出假设观点,确定实验方案,学生自己动手验证,最后总结分析得出解决问题的方法。

(二)具体策略

以"设计最佳方案测量物体的高度"一课的操作型数学实验教学案例为例,该实验的思路是让学生在掌握相似三角形、直角三角形等相关知识的基础上,进一步探索运用相似三角形、直角三角形等相关知识,解决不能直接测量物体的高(如测量金字

塔高度问题、测量河宽问题)等一些简单的实际问题的方法,并归纳出测量物体高度的最佳方案。

1. 课前环节

教师创设情境布置任务,学生组队,小组内同学讨论分析问题,小组之间进行交流,提出假设性测量方案,并确定最终实验方案。

(1)教师布置复习性作业,让学生回忆已经学习过的相似三角形、直角三角形等基础类概念知识,为方案设计做好铺垫。

(2)教师利用平台发布课前任务单,学生利用手中的信息工具查阅预习任务单,并完成资料收集、目标(测量物)选择、小组组建、组内讨论设计最佳测量方案等步骤,提交学习任务单并申请展示。教师对收集到的信息进行整理和分析,安排小组实地测量并展示。

【设计意图】通过知识复习、设计实验方案培养学生的创新意识和应用意识,通过团队组建培养学生的团队观念,通过组内设计方案培养学生的团队意识,通过现代化信息工具完成信息收集培养学生的信息素养。

2. 课堂实验教学环节

学生通过动手操作展示实验过程,检验设计方案的可行性并运用信息化手段抽象出测量模型,最后小组讨论总结、分析得出解决问题的方法。

(1)构建网络云课堂展示实验过程。

【设计意图】运用现代化信息技术打破传统实验教学时间和地域的限制,使得实验过程同步展示,让学生的体会更加直观具象。引发学生的思考,使学生产生探究的欲望,激发学生的学习兴趣。

探究活动展示一:道德模范主题公园门牌高度。

第一步,小组一同学代表讲解该组测量物及测量方案和原理;第二步,小组展示测量过程,分享学习图片;第三步,班级同学之间交流总结测量模型并运用几何画板展示,同学代表讲解学习心得体会。

【设计意图】在道德模范主题公园带领大家学习道德模范,培养立德树人意识,探究底部可到达物体高度的测量,运用光的平面反射原理抽象相似三角形知识测量物体的高度。

探究活动展示二:瑶海和平广场雕塑高度。

第一步,小组二同学代表讲解该组测量物及测量方案和原理;第二步,小组展示测量过程,分享学习图片;第三步,班级同学之间交流总结测量模型并运用几何画板展示,同学代表讲解学习心得体会。

【设计意图】通过了解瑶海和平广场背景知识,引导学生学习人类探索史,探究底部不可到达物体高度的测量,灵活运用直角三角形知识测量物体的高度。

探究活动展示三:肥东体育公园标志牌高度。

第一步,小组三同学代表讲解该组测量物及测量方案和原理;第二步,小组展示测量过程,分享学习图片;第三步,班级同学之间交流总结测量模型并运用几何画板展示,同学代表讲解学习心得体会。

【设计意图】通过在肥东体育公园游玩锻炼,呼吁学生加强体育锻炼,培养良好的情操,探究条件允许(有阳光)底部可到达物体高度的测量,抽象相似三角形知识测量物体的高度。

(2)提出问题,总结交流。

测量方法多种多样,那么对于不同情境下的物体运用已学知识,该选择什么样的测量方法最合适呢?请同学们思考交流。学生交流总结,对不同情境下测量物体的高度选择最佳的测量方案。

【设计意图】通过组内的交流讨论激发学生的求知欲,培养学生的数学语言表达能力以及分析问题、解决问题的能力。

(3)活学活用,解决问题。

问题1:图片展示的是我们身边哪一条河流?(图略)

问题2:今天我们学习了三种测量物体高度的方法,你能设计出测量河宽的最佳方法吗?同组同学讨论。

【设计意图】充分开发地方素材,提升学生学习兴趣,通过方案设计内化知识,提升学生解决问题的能力。

(4)课堂小结,提炼方法。

通过本节课的学习,你学会了哪些知识,最大的体验是什么,掌握了哪些学习方法?

【设计意图】总结本节课的收获体会,优化认知结构,完善知识体系,充分发挥学生的主体作用。

（5）布置作业，提高升华。

作业1：本节课我们探究了高度的测量方案，你能运用所学知识设计一个测量某个物体高度（长度）的方案吗？请发布在班级UMU平台。

作业2：对本节课你有哪些心得体会？请你以本节课的教学过程、内容为主写一篇感受或体会，不少于400字。

3. 课后环节

从课例中的实验教学过程，我们提炼出信息技术支持下初中数学实验教学的一般性策略。（如图2-2-1）

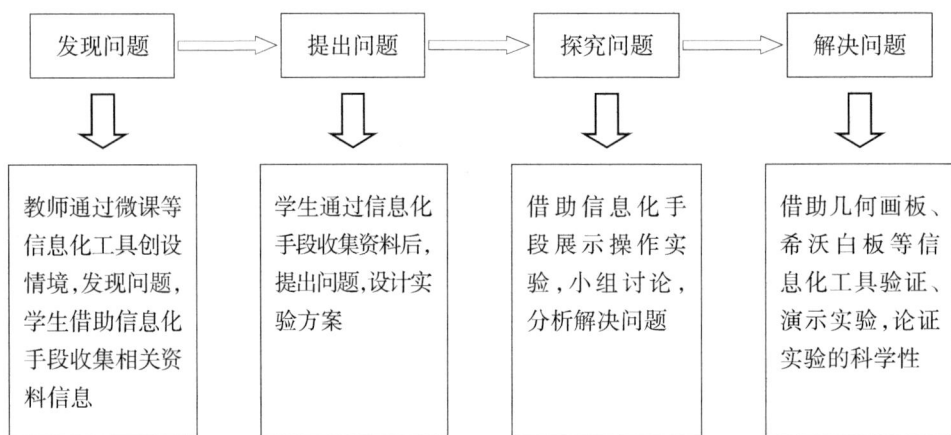

图2-2-1

（三）对比反思

传统的测量实践教学课程基本是用复习的方式导入，教师在黑板上作图，小组讨论，教师再进行演算过程的推理，学生对照教师的演算过程来反推自己学习的结果。同样的课程，本课例充分运用信息技术手段，打破数学实验的地域限制，充分放开学生手脚，让学生大胆地进行展示交流，开展研究性的学习活动。学生在课前环节即可参与合作，教师的支持使得讨论更高质、高效。讨论结束后，小组之间可以实现线上线下的互动交流和及时反馈。在这一过程中学生代替教师的角色完成知识的展示和分析，增强了学生在操作实验过程中的能动性，使得学生的个性在课堂中得到张扬，能力得到发展。

四、结语

在信息化2.0背景之下,教师可以充分利用信息技术开发数学实验课例,通过信息技术手段完成初中数学课程的实验教学活动,改变传统数学教学的单一模式、单一方法和固定流程,转而让学生能动地参与到整个教学活动过程之中,实现自主探索和自主认知;而且可以充分利用信息化背景之下不同的资源形式、不同的学习方式和全新的认知理念,有效提升学生的信息素养,使得实验教学课更高质、高效。

第三节　纸上得来终觉浅　绝知此事要躬行
——初中数学实验信息化学习的探索与实践

数学实验教学在现行教材(教科书)中已有相关课题学习或课外阅读内容予以体现,但是在实际教学过程中,授课教师要么一言带过,要么让学生自学。究其原因,一是重视程度不够,对数学实验学习方式的了解不多或不知如何开展;二是觉得没有必要,认为数学教学就是教会学生解题,学生会解题能考好就行了。笔者认为,课堂教学应关注学生终身发展,数学实验教学不仅很有必要,还应常态化开展。

G.波利亚说过:"数学有两个侧面,一方面它是欧几里得式的严谨科学,从这个方面看数学是一门系统的演绎科学;但另一方面,创造过程中的数学看起来都像一门试验性的归纳科学。"《义务教育数学课程标准(2022年版)》提出,数学教学要不断丰富教学方式,使学生能够在实践探究、体验反思、合作交流中感悟数学基本思想、积累基本活动经验,发挥多种教育方式的育人功能。另外,注重利用信息化手段创造合适情境,提高学生的学习兴趣,帮助学生深刻认知数学知识。

现阶段不少数学课堂教学仍然是以教师讲解为主,学生被动地接受、参与率不高,教学效果不太理想。为此,我们课题组在开展研究的过程中,发现数学学习不仅要接受间接经验,还需要由直接经验得到的过程体验。通过自己动手实际模拟情境或在计算机上操作相关软件,这种方式不仅有着较高的参与度,而且效果好、巩固率高。通过这种方式教学,学生不仅基础知识扎实,而且解决问题的方法多,思维灵活。

数学课程的教学不仅只是关注演绎推理的教学，还要重视归纳推理与合情推理的教学。另外，从数学这一学科的特点看，它是具备实验性的。因此，在学习的过程中我们不仅要有观察也要有实验。在数学课堂教学中落实好实验教学可以帮助学生从本质上理解数学，激发学生对数学的兴趣，同时也能培养学生的数学精神和发现、提出并创造性解决问题的能力，进而提升民族的创新力与竞争力。因此，在初中数学课堂开展好数学实验教学很有必要。

一、开展数学实验教学，激发兴趣

任何一门学科的学习，兴趣最为关键。有的学生数学成绩很好，但是他对数学没有多大的兴趣，这正是数学教育的缺失。我们除了可以通过降低学习的难度来提升学生对数学学习的兴趣之外，还可以通过学生动手实验、动脑思考再动手实践的教学方式激发学生学习数学的兴趣。

在学习"正多边形的镶嵌"这一节内容时，处理如下：

给全体同学布置周末作业，分组剪出边长为 5 cm 的正多边形（正三角形、正方形、正五边形、正六边形、正八边形），颜色不限。上课开始时让学生自由选择平面图形进行拼接，但学生没有过多地思考，只注重颜色搭配，视觉上的美观。于是，教师表扬在先，提出问题在后。请同学们思考，几个多边形满足什么条件才能实现密铺，举几个生活中用到多边形密铺知识的例子，学生的兴趣一下子被激发起来。

课堂，尤其是数学课堂，是需要有思考的。让学生冷静思考：为什么正五边形不能密铺，而正三角形、正方形、正六边形都能密铺？还有其他正多边形能密铺吗？请说明理由。任意相同的三角形、四边形可以实现密铺吗？学生会利用刚学到的知识思考，要实现密铺，同一个顶点处的角度之和必须是 $360°$，列方程（组）思考并解答。数学课堂一定要有这样的深度思考。

教学过程中，通过动手操作、浅层次的思考激发学生参与活动的热情与兴趣。有的同学关注图形，有的同学思考度数，有的同学观察颜色……

二、开展数学实验教学，加深理解

数学问题的解决，理解是关键的一环。一位数学家曾说过："在没有搞清楚一个问题之前就去解决问题,这种行为是愚蠢的。"

在"一次函数的图象与性质(第一课时)"一课的教学中,学生记住性质"一次函数 $y = kx$,当 $k > 0$ 时,y 随 x 的增大而增大,图象自左向右是上升的;当 $k < 0$ 时,y 随 x 的增大而减小,图象自左向右是下降的",难度不大,但这是函数性质学习的第一课,将统领以后函数图象与性质的学习,学生如果只是单纯地记住文字,不利于后面性质的应用。因此,通过采用实验的方式教学,充分利用画板的计算测量功能,直观展示,便于学生理解。(如图 2-3-1、图 2-3-2)

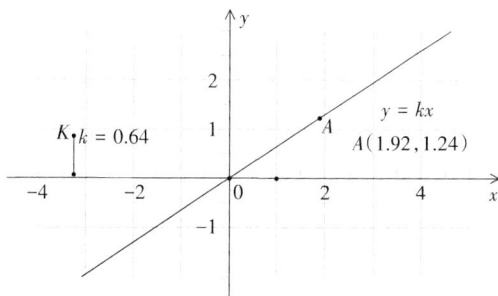

图 2-3-1

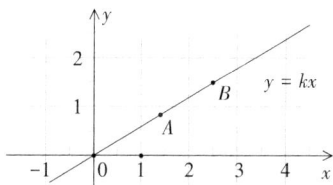

图 2-3-2

通过在直线 $y = kx$ 上移动点 A,让学生观察横、纵坐标的变化情况;通过拉动点 K 的位置,调整 k 的值,分别研究 $k > 0$ 与 $k < 0$ 时函数值与自变量值的变化关系,学生能够直观感知正比例函数的图象与性质。

只是直观地看,这种学习方式还不行,接下来让学生思考,这是为什么呢,能证明吗? 如图 2-3-2,怎么说明点 A,B 纵坐标之间的大小关系? 学生基本能够通过代数计算得出答案。

通过此课例的教学,发现学生难以理解的知识,可以首先通过实验手段让学生认同这些知识点,然后再通过数学逻辑推理得到证明(计算)。这种方法不仅符合学生的认知规律,而且能让学生掌握研究知识的方法。

三、开展数学实验教学，验证猜想

数学源于猜想，学生在学习过程中应大胆猜想，细心求证。让学生经历猜想、验证这样完整的学习过程，可丰富其学习的体验，提炼数学思想与方法，构建完整数学知识链。

学习"平行四边形性质"时，根据平行四边形的定义，让学生画出一个平行四边形没有任何问题，下面从边、角、对角线等方面探究其性质。

通过画图、测量、小组内比较，学生得出关于平行四边形边、角、对角线性质的基本猜想：平行四边形的对边、对角相等；对角线互相平分；平行四边形两条对角线将平行四边形面积分成四个相等的部分……

提出一系列猜想后，教师并没有让学生立即给出证明过程，而是让学生再多画几个平行四边形并测量相关量，通过实验验证猜想的正确性。反复验证后再严格证明，写出说理的过程。人对自然界的认识是一个反复深化的过程，数学知识的学习也是如此，不断地进行延伸和拓展。

以实验的方式开展数学教学，经历实验操作、发现问题、分析问题、提出猜想，再实验操作验证、理论证明的过程，比较适合几何类的（平面几何、解析几何等）课堂教学等。教学中学生体会了数学知识产生、形成与发展的过程，有利于构建知识网络、系统地学习数学知识。例如在四边形知识的学习过程中就容易通过图形变化（平移、压缩、拉伸、边角变化等）构建网络。（如图2-3-3）

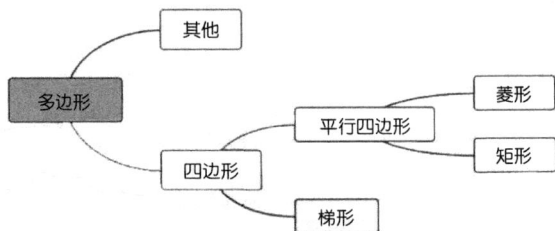

图2-3-3

以实验的方式开展数学教学，是在一定的情境中解决一些问题。初中有些数学问题，仅凭初中生的数学思维能力、空间思维能力及判断能力难以解决，即使教师在课堂上详细讲解学生还是理解不透，此时我们可以运用数学实验方法，设计一个情境，通过实际情境的模拟演示，学生很容易理解并能够得出正确的结论。

通过情境模拟解决问题,不但能够加深对问题的理解,而且还能够将复杂问题简单化、条理化。正如康德所说:"人的认知从感觉开始,再从感觉上升到概念,最终形成思想。"

以实验的方式开展数学教学,符合学生的认知规律。当初中生的抽象思维能力没有发展到较高水平时,学生对问题的认知缺少不了情境、实物、实验演示等。

数学实验教学不仅丰富了学生学习数学知识的方法,更为重要的是让学生能够将所学的数学知识与生活实际相联系,并用于解决实际问题。

数学实验教学让课堂能有较高的参与率,融数学核心素养于学习的各环节,使学生在实验活动中发展数学的核心素养。

第四节　融入信息技术　优化初中数学实验教学

信息技术与教育的融合已经是一种常态,对教育者而言,早日进入这种状态,需要做出教育方式上的调整。开启智能化的教育模式,无论对教师还是学生都是有益的。随着信息技术与实际教学的融合,不可避免出现了一些问题,本节分析探讨信息技术与初中数学教学融合所存在的问题,以及对应的解决办法。

一、信息技术在初中数学实验教学中的应用价值

(一)丰富教学内容

以前数学教师选择教学内容的渠道较少,大多是从教材或教参中挑选,无法为学生提供更多的学习资料,在一定程度上限制了学生的发展。近几年,几何画板、Flash画图等先进的教学软件与技术手段开始走进中学课堂,比起传统教学工具与教学手段,多媒体工具更先进、更新颖,更能激发学生学习的兴趣,更能让学生感受到图形的直观性及生动性。为此,在日常教学中教师要有意识、有目的、有针对性地运用信息技术来丰富教学内容的呈现方式,强化学生的感官认知,让学生更好地理解所学的数

学知识。在信息技术的加持下,数学教师获取、呈现教学内容的方式更加多样化,不仅可以在网络上查找优质的教学资源,还能与其他数学教师进行沟通,共同开发高质量的教学资源。

(二)发散数学思维

初中数学教师可以通过电子课件或微课视频等形式,突破数学的重难点知识,带领学生思考学习过程和解题步骤等,从而提高数学教学效果,引发学生的深度思考,发散学生的数学思维,使学生灵活地运用数学知识解决生活问题。

(三)培养创新精神

将信息技术科学地应用于数学课堂能为教师的教学以及学生的发展带来很大帮助。在信息技术背景下,初中数学教学充满了生机与活力,数学教师可以组织丰富多样的实践活动,利用多媒体技术与学生互动,能对数学内容进行有效的拓展和延伸,使初中生受到启发和教育,培养他们的创新精神和探究意识。

二、信息技术在初中数学实验教学中的问题

(一)实验教学目标指向不明确

数学实验要有一个明确的教学目标,需根据教学大纲和实际课程情况制定教学目标。如"统计与概率",根据课程标准的要求,学生需要经历数据收集、整理、描述、分析和推断的过程。因此,在数学实验设计过程中要从形式、方法等方面进行规划,与教学要求相吻合。数学实验还需对整个数学教学起到补充作用,实验操作过程应当涉及过往数学内容,这样既巩固了学生学过的知识,又增强了知识之间的联系。数学实验不能只是为了实现教学目标而开展,在过程和方法上要增加多样性,如操作类、推理类、猜想类等,让学生从不同角度来思考并解答数学问题,引导学生自主思考实验目标,这样才能充分提高学生的自主学习能力。有趣、丰富、多样的数学实验环境能够为数学教学提供良好的基础条件。学校和教师要提供数学实验必需的教具,在教学工具较为简单的情况下,可以增设自制教具的实验流程。根据过往的实验教学经验,学生在数学实验教学过程中参与度不高,这是因为学生在学习前就明确了学习

目标,教师没有通过良好的学习环境来改变学生的思维方式。将学习目标细化为整理、分析的过程,既要避免学生被动接受知识的灌输,又要减少学生主观注重结果的思想,这就需要教师创造出适宜的教学环境,为实验教学开展营造良好的氛围。

(二)信息技术手段应用不合理

部分初中数学教师缺乏信息素养,对现代化的信息技术知识不了解,不能熟练地应用信息技术教学手段,使得一些较难理解的知识点不能进行直观化和形象化展现,一定程度上限制了信息技术在初中数学教学中的应用,降低了数学教学效果。在数学教学中,教师对信息技术手段的应用不合理,有时会出现本末倒置的现象:过于注重对信息技术的使用,忽视教学内容、教学目标,导致很多学生在数学学习过程中被眼花缭乱的信息技术所吸引,忽视了真正的教学内容,难以引导学生对数学知识进行深度认知和思考,干扰了学生数学逻辑思维的发展。

三、信息技术与初中数学教学的融合策略

(一)融入信息技术,激发学生创新思维

目前,为了让学生更好地适应社会发展,教育领域不断改进教学措施,运用全新的教学策略培养学生创新意识、思维和能力。信息技术的迅速普及满足了教育教学的发展所需,为教学模式的创新提供了强有力的"臂膀"。信息技术与数学课堂教学内容深度融合,把知识以形象而又生动的形式展现给学生,让学生在"知识的动态变化"中感悟道理,不仅转变了学生的学习方式,更培养了学生的创新思维能力。例如,在教授"圆与圆的位置关系"时,教师可将两个大小不同的圆呈现在学生电脑屏幕上,让学生自由移动两个圆的位置,观察两个圆的位置关系共有多少种。这样,学生通过自己动手操作、动脑思考,观察和感知了两个圆的位置关系,探究了两个圆位置关系的内在联系,构建了自己的知识体系,培养了创新思维。

(二)融入信息技术,突破教学重难点

教师要结合实际情况,综合利用信息技术手段,对数学教学中的难点、重点知识突出体现,优化教学方式和内容,更好地促进学生逻辑思维和想象思维的发展。例如

在学习几何知识后再学习函数知识,容易引起学生的概念混淆,导致其逻辑思维混乱,甚至降低学习效果。因此,教师可以利用信息技术对教材中各个章节的知识进行优化整合,重新编排,让学生由易到难、循序渐进地学习数学知识,增强学生的理解能力,促使学生形成更加清晰的逻辑思维;明确教学难点和重点,并进行有针对性的突破,促进学生想象思维的发展。例如,教师可以利用信息技术对几何图形的内在结构和空间关系进行直观化展现,并将其制作成动画进行演示。这种动态教学方式,可以帮助学生对几何图形的空间结构形成更加直观、形象的认知,促进学生空间思维能力的发展。

(三)融入信息技术,实现科学评价

传统的数学评价以数学成绩为主,久而久之,成绩较差的学生就会对数学课堂失去兴趣,与教师之间的关系越来越疏远。初中数学教师要创新评价方式,实现科学评价、合理评价,让初中生受益终身。学生可以在数学软件上进行运算和测验,然后软件根据学生的答题速度和准确率等作出初步的点评,数学教师按照软件的点评进行深入的评价,帮助学生走出数学学习的困境,提高他们的课堂参与热情。教师还可以把优质的数学笔记、数学作业等制作成电子照片,利用大屏幕在课堂上展示。这样做一方面给学生以较大的鼓舞,让他们充满学习的自信;另一方面给成绩不理想的学生树立学习的榜样,达到比学赶超的目的。初中数学教师应为每个学生制作电子档案袋,并制作学生学习进程曲线图,定期进行更新和维护。期末时,通过综合分析学生的学习状况和进步情况,可以更有说服力地评估教学效果,为高效教学提供依据。

四、结论

总之,信息技术与初中数学教学的融合,是时代发展的趋势,也是教育者需要作出调整的地方。教师在具体的融合过程中要精心选择信息技术手段,恰当地开展教学,帮助学生理解数学知识,解决实际问题,找准方向共同前进。

第五节 信息化手段下创新数学实验教学设计探讨

《义务教育数学课程标准(2022年版)》(以下简称《标准》)指出:"创新意识主要是指主动尝试从日常生活、自然现象或科学情境中发现和提出有意义的数学问题。初步学会通过具体的实例,运用归纳和类比发现数学规律,提出数学命题与猜想,并加以验证;勇于探索一些开放性的、非常规的实际问题与数学问题。创新意识有助于形成独立思考、敢于质疑的科学态度与理性精神。"创新教学实践模式已逐渐成为深化数学新课程及教学改革研究工作实践的探索亮点。在多年的教学实践中,传统教学方式并不能为创新提供足够的基点,而日渐新颖的数学实验教学逐渐成为培养学生创新意识的有效途径。

数学实验是指学生在思维活动和操作活动双边结合的环境中,在教师的引导下,以"做"为支架,通过认知与非认知因素双重参与,自主操作相关工具发现数学结论、理解数学知识、验证数学结论的数学学习活动方式。这种数学教学方式展现出与常规教学截然不同的先进性和灵活性。

基于此背景,本节将以沪科版数学九年级下册第26章"概率初步"的第三节"用频率估计概率"为教学案例,结合信息化实验的方法,展示实验的设计思路及师生共研片段,从而展现信息化手段辅助下的数学实验教学是如何培养学生创新意识的。

一、教材案例及数学实验创新设计

(一)教材案例

沪科版数学九年级下册"用频率估计概率"素材:观察"抛硬币"实验中已统计的数据结果,满足一定的条件,得出用频率来估计概率的结论。

(1)在一位同学做的"抛硬币"实验中,通过获得的数据,将出现正面的次数和频率制成统计表和折线统计图,让学生直接观察图示并进行分析。(如图2-5-1)

（2）依据上面分析的结果，再结合历史上很多科学家得出的抛硬币实验结果，进一步通过大量的数据呈现频率与概率的关系。（如图2-5-2）

观察

一位同学在做"抛硬币"的试验中，将获得的数据绘制成下表及折线统计图（图26-2），其中：

$$出现正面的频率 = \frac{出现正面次数}{抛掷次数}$$

抛掷次数	50	100	200	300	400	500	600	700	800
出现正面次数	25	52	95	145	195	243	295	345	396
出现正面的频率	0.500	0.520	0.475	0.483	0.488	0.486	0.492	0.493	0.495

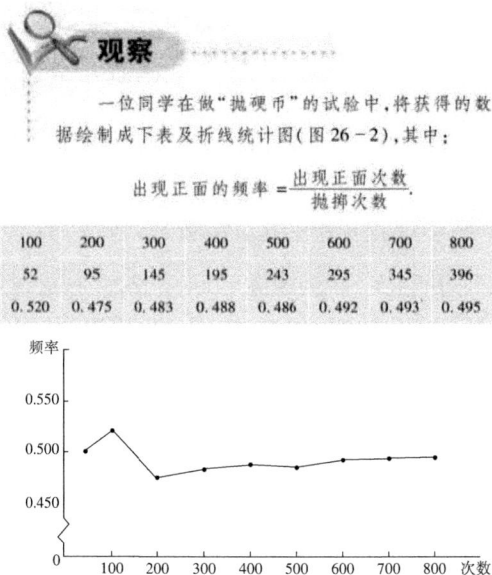

图 2-5-1

试　验　者	抛掷次数	出现正面次数	出现正面的频率
Buffon(布丰)	4 040	2 048	0.506 9
De. Morgan(德·摩根)	4 092	2 048	0.500 5
Feller(费勒)	10 000	4 979	0.497 9
Pearson(皮尔逊)	12 000	6 019	0.501 6
Pearson(皮尔逊)	24 000	12 012	0.500 5

图 2-5-2

通过实验统计的数据可以看出，随着每次实验所抛硬币次数的增加，出现正面朝上的频率会稳定于0.5这个常数，以此来估计多次抛硬币出现正面朝上的概率为0.5，但教材中缺乏学生主动参与数学实验活动的过程，因此设计实验操作环节显得尤为重要。

（二）数学实验创新设计

【实验目的】

（1）通过抛硬币活动，经历猜测、实验、收集实验数据、分析实验结果等过程，培养学生的探索精神。

（2）通过实验，感受在实验次数很多时，随机事件发生的频率具有稳定性。

（3）了解用频率估计概率的合理性和必要性，培养学生的随机理念、实践能力和创新意识。

【实验准备】

准备1元硬币若干枚，自制实验记录单，学会使用Excel表格、几何画板软件。

【实验的内容与步骤】

实验一：抛硬币实验。（估算正面朝上的频率）

要求：请大家四人一个小组，其中一人将硬币从头顶的高度随机掷下，共抛掷20次，另一人在已发的表格中画"正"字记录结果，另外两个人监督汇报。（注意：每次都从相同的高度随机抛下，落到桌面外的重新抛掷）（如图2-5-3）

	抛掷总次数	正面朝上的次数（划记）	正面朝上的次数（合计）	正面朝上的频率
第8小组	20	正 正	10	0.5

图2-5-3

【设计意图】引导学生通过动手操作来验证事件发生的可能性，让学生亲身经历实验的全过程，获得丰富的直观经验，在实验中培养学生的随机观念。

实验完成后，班长和课代表收集实验数据，并将数据统计在Excel表格中，同时教师在白板上填表（如图2-5-4）。观察实验数据，回答问题：

组数	一	二	三	四	五	六	七	八	九	十	十一	十二
抛掷总次数	20	20	20	20	20	20	20	20	20	20	20	20
正面朝上次数	9	10	10	10	7	13	10	8	8	12	9	12
正面朝上的频率	0.45	0.5	0.5	0.5	0.35	0.65	0.5	0.4	0.4	0.6	0.45	0.6

图2-5-4

【设计意图】为方便在表格中累加数据，将实验数据收集在表格中。引导学生观察特殊数据（正面朝上与正面朝下次数相差最大的一组），感受实验次数少的时候，正面朝上与正面朝下的次数波动较大。这与之前的猜测相矛盾。

实验二：创新实验——借助Excel表格累加数据实验。

（1）引导学生观察累加后的实验数据。（如图2-5-5）

①观察正面朝上的频率有怎样的特点？

②观察正面朝下的频率有怎样的特点?

③为了更直观地看到数据的变化情况,还可以绘制怎样的统计图?

组数	一	二	三	四	五	六	七	八	九	十	十一	十二
抛掷总次数	20	20	20	20	20	20	20	20	20	20	20	20
正面朝上次数												
正面朝上的频率												

观察累加后的实验数据.
1. 观察正面朝上的频率有怎样的特点呢?
2. 观察正面朝下的频率有怎样的特点呢?
3. 为了更直观地看到数据的变化情况,还可以绘制怎样的统计图?

图 2-5-5

【设计意图】借助 Excel 表格,培养学生处理数据、小组合作、动手操作的能力,让学生在"做"的过程和"思考"的过程中逐步积累数学活动经验。

(2)观察折线统计图,你有什么发现?

(3)继续增大实验次数,实验的结果会怎样?(如图 2-5-6)

累加次数	抛掷总次数	正面朝上的频率
1	20	0.47
2	40	0.5
3	60	0.49
4	80	0.51
5	100	0.49
6	120	0.5
7	140	0.51
8	160	0.48
9	180	0.51
10	200	0.48
11	220	0.49
12	240	0.51

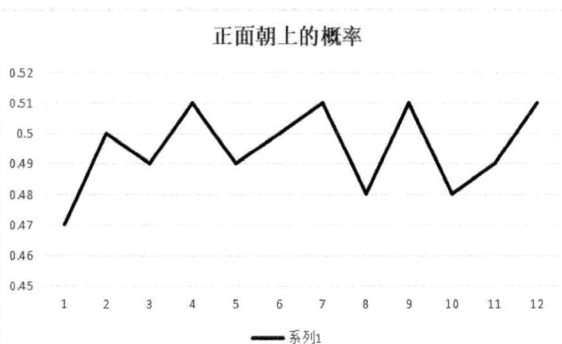

1、观察折线统计图,你有什么发现?
2、继续加大实验次数,实验的结果会怎样?

图 2-5-6

【设计意图】通过绘制折线统计图,形象、直观地呈现正面朝上频率的变化情况,发展学生的几何直观,便于学生感受随机现象的变化趋势。

实验三:创新设计——几何画板模拟抛硬币实验。(如图 2-5-7)

前两个操作实验通过多次重复实验,估计出硬币正面朝上的频率,而实验二借助 Excel 表格使得估计更精确,那么有没有其他方法使估计值更接近0.5呢?

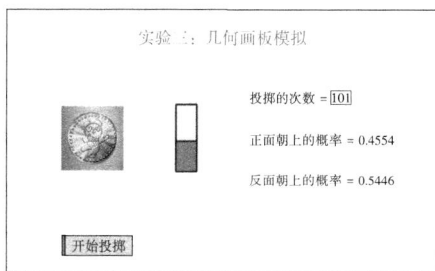

実験 三：几何画板模拟

投掷的次数 = 101

正面朝上的概率 = 0.4554

反面朝上的概率 = 0.5446

开始投掷

图2-5-7

【设计意图】借助计算机模拟抛硬币实验,增加试验次数,弥补传统教学手段的不足,实现量的突破,提高学生对经过大量实验后事件的频率具有稳定性的认识。

【教学片段】

片段一:操作与思考。

在抛掷一枚质地均匀的硬币后,猜测正面朝上和正面朝下的可能性相同吗?引导学生抛掷1枚硬币多次,通过收集数据、分析数据来估算频率。

师:为什么这样能估算出频率呢?

生思考、讨论、交流。

片段二:操作与理解。

师:估算频率的方法是什么?

生:频率$=\dfrac{出现正面的次数}{抛掷的总次数}$。

师:很好。

师:那么估算频率需要统计哪些数据呢?

生:抛掷硬币出现正面朝上的次数、抛掷硬币的总次数。

师:随机抛掷2000次呢,怎么估算频率?

生:需要记录有关数据。

师:对实验数据进行统计与分析,在估算频率时,根据分析的结果分成三种统计类型,即出现正面的频率低于0.5,出现正面的频率正好等于0.5,出现正面的频率高于0.5。据此说明频率稳定于0.5的说服力较小。同时,由于抛掷硬币的次数太少等原因,导致实验结果和真实的频率值误差较大,那么怎样改进才能使估计值更准确?

众生疑惑,小组讨论。

片段三:创新设计。(借助Excel表格,计算机模拟)

通过小组合作、探索交流、反复尝试,得出怎样去估算频率的方法。

生：用类似的方法只要能保证实验的次数足够多，就可以估算频率，关键是弄清"稳定值"，估算频率的精确度会随着实验次数的增多而提高，从而估算出概率。

师：太好了！

（三）教学反思

本教学设计以学生的数学现实为基础，在已有的概率知识基础上设计出整个过程。以简单的抛硬币实验为出发点，激发学生探究的兴趣，同时令学生意识到现实条件下很难进行大量操作，这时自然而然地引出以几何画板为操作平台模拟抛豆实验等信息化实验。这种计算机模拟过程极大地提高了探究过程的高效性和结果的精确性，促使学生主动创新实验的过程、方法和结论。

借助几何画板，用科学技术方式估算频率，学生进一步学会使用频率来估算概率。教师在整个教学过程中始终关注学生是否积极主动参与实验，是否细心分析得出结论。同时，教师注重信息化手段在教学过程中的应用，从简单的数学实验操作到精心的实验设计，再到多样化的操作方式，整个过程提高了学生的自我认知，树立了学生的研究信心，极好地发展了学生的创新意识。

二、案例评析

《标准》在课程总目标中明确指出："为学生提供丰富的问题情境，让学生经历观察、实验、猜想、推理、交流、反思等数学探究活动，帮助学生获得'四基'，发展'四能'，建立良好的品格和价值观，培养'三会'的核心素养，发展创新意识。"创新已成为全面推进素质教育数学教学改革的一大亮点，因此，在数学教学中找到培养和发展学生创新能力的有效途径变得越来越重要。

这正为我们将数学实验融入创新课堂奠定了坚实的基础。换而言之，数学实验强调学生自我参与、自我操作、合作发现、自我发展，是一个围绕实验进行的从现实到抽象的高度创新的活动。数学实验主要着力于学生"做实验"的主动探究过程，旨在培养学生的动手实践能力、解决问题能力和创新意识，帮助学生积累基本活动经验，这与新课标的要求一致，也进一步实现了初中数学教与学方式的有效转变。

（一）培养统计观念，发展学生创新意识

在教学中，帮助和引导学生养成统计观念是非常重要的。创新意识本质上是一种通过模拟方法展开的想象能力，因此学生需要具备一定的收集和整理数据的能力。从小学低年段开始，学生就擅长把生活中复杂的人和事用简单的图表展现出来。例如，在学习小学数学的分数运算时，学生可以在教师的引导下通过画圆和扇形图将问题变得直观清晰；在学习如何收集数据和整理数据问题时，则通过画统计图来展示数据内容。

在本案例中，学生通过多次抛掷一枚硬币来求出现正面朝上的概率，在这个过程中学生会自然而然地想出相应的模拟方法，萌发出估算概率的想法，这表明学生具备探究的意识。与此同时，学生在做实验的过程中会因为实验的结果产生疑惑：算出的结果接近猜想的值吗？这就需要教师及时地抛出问题："为什么有的结果误差比较大呢？"这一个问题能够帮助学生解决脑海中的"随机性"问题。教师抛出的问题可作为学生提升的跳板，学生解决问题的过程是不断操作的过程，将"动手"与"动脑"紧密结合在一起，从而将学生的创新性激发出来。

（二）巧用关键数据与信息技术，发展学生创新意识

《标准》指出："合理利用现代信息技术，提供丰富的学习资源，设计生动的教学活动，促进数学教学方式方法的变革。在实际问题解决中，创设合理的信息化学习环境，提升学生的探究热情，开阔学生的视野，激发学生的想象力，提高学生的信息素养。"从自主参与数学实验到运用信息手段展现数学的精确性，无不体现数学实验对培养学生创造力的重要性。问题的主动提出是学生发挥自主创造力的前提。

如何解决案例中的教学难点，将其转变为有利于学生理解与思考的跳板呢？这就显示出适时运用几何画板动态演示发现过程的巧妙之处。利用几何画板在重复多次实验后计算实验频率的估值平均数以减少实验误差，以此突破学生在动手操作过程中的难点。整个环节的衔接提高了信息技术在数学实验教学中的效能性，即合理有效地实现"数据分析观念"向"模型思想"的过渡。

三、小结

数学实验的本质是将抽象的数学活动转化为模拟实验的操作活动。这种转化不是单纯地用活动来填补数学课堂的空白，而是通过有设计、有技巧的连续性过程激发学生的探究欲望，为激发学生创新意识打下基础。与时俱进的教学方式也告诉我们，教师的教学设计需要符合学生所处时代的数学特点，从单纯的"看演示"转变为"主动操作"，从刻意的"假动作"转变为实际的"真操作"。因此，信息化手段对数学实验教学至关重要，同样数学实验教学对学生创新意识的培养也不可或缺，这就使得真实的课堂期望从"实物直观""数学分析""模型思想"的维度发展到学生的创新意识，实现信息技术下数学实验课堂的真实落地。

第六节　沪科版初中数学综合与实践课刍议

《义务教育数学课程标准（2022版）》指出："综合应用与探索"是一种以实际问题为载体，学生积极参加的学习活动，有助于学生累积数学活动经历、培育学习者研究意识和创造意识。根据实际问题情境，学生通过综合所学的专业知识和实际生活经历，或者独立思考，或者与他人协作，经历研究问题和分析解决问题的整个过程，体验数学各部分教学内容之间、数学与生活实践之间、数学与其他课程之间的相互联系，提高学生对所学数学内涵的深刻认识。笔者根据多年的教育实践，谈谈自己对综合与实践课的现实意义和实施内容的浅显理解，以期引起同仁们对综合与实践课的重视和思考。

一、综合与实践课的意义和地位

初中数学综合与实践课的设置是当前中国教育课程体系的结构性突破，它既符合当前实施素质教育的实际需求，也呼应了世界课程变革的大趋势。专家们指出，综合与实践课在国家基础教育课程中的开设,不仅代表着一种全新的教学形式的出现,更标志着中国现代教育新课程观念的建立。

综合与实践教学活动是指在教师指导下,由每个学生独立完成的综合性学习活动,是根据每个学生的直观经历,联系学生个人生活和社会实践体验,体现学生对知识的运用能力的实践性活动。

综合与实践教学活动是我国九年义务教育体系的主要部分,它与同学科专业选修课交相辉映,是学校全面实施素质教育的主要途径。

二、综合与实践课的实施现状

现行的沪科版初中数学教材中编排了共11个课时的综合与实践课,但是由于中考考查范围的限制,以及教材与教师用书中可供参考和借鉴的具体教学案例极少,缺乏综合与实践课的实施策略,在实际教学中"虚化""淡化"现象严重,甚至很多教师将其视为自学或选学内容,忽略了综合与实践课的地位与重要性。

三、综合与实践课的实施策略

(一)课程改革主旨

(1)倡导全人教育。教学旨在促进每位学生健康发展,培养他们终身学习的意志和能力,处理好学识、才能、心态、价值理念之间的关系,以弥补学校过于强调知识传承的情况;培养学生的创新精神、实验操作能力、综合运用数学知识的能力。

(2)重建新的课程架构。处理好分科与综合、必修与选修之间的关系,并改变教学结构中过于强调课程独立性、门类太多和没有整体性的状况,重视均衡性、综合性和选择性。

(3)知识内容的现代化。精选学生必备的基础知识和基本技能,认识现代社会生存需求和学生个人发展之间的关系,并改善学校课程内容繁难窄旧的状况。

(4)倡导建构型学习。形成学生积极参与、探索发现、沟通协作的学习方法,提倡研究性学习方法,重视学生的直接经验和学习兴趣,改变过于依靠课本、过分强调死记硬背、机械练习的状况。

（5）树立正确的评价观念。建立评估主体多样、项目丰富、方法多元的评估体系不仅重视成果评价，更重视过程评价，以凸显评价在改进教育中的功能，并淡化其甄别和筛选的功能。

（二）综合与实践课的实施措施

综合与实践课的设计内容主要包括：设计活动主体（课程项目、教学课题），教学活动目的（与课程主题相适应的具体实施活动目标），教学活动内容，活动对象与情境，过程（教学活动阶段、活动任务分配），活动方式和方法等，还可涉及活动意义解析、活动反思以及设计意图等方面。

综合与实践活动开展的组织形式：①小组活动。引导学生以分组协作的形式，进行综合与实践活动，分组的结构由学生自行商讨后决定，分组成员的组成不一定限定在班级内。②个人活动。可以提升学生的思维能力和独立解决问题的能力，当学员个人完成活动后，教师应当引导学生主动和别人进行沟通和分享。③班级活动。全班活动也是综合与实践活动的另一种重要组织形式。

课程实施的具体流程由下列环节组成：活动主体的筛选和确定；制订综合与实践活动方案；学生自己设计并编写实施方案，并根据活动实施方案，分阶段制定具体的研究步骤，提出研究结果及规律；编写科学活动报告并总结交流。

（三）综合与实践课教师的指导作用

（1）引导学生设计合理有效的活动方法，培养学生的规划能力。

（2）指导学生提出合理的方法。

（3）指导学生进行资料的搜集。

（4）指导学生开展活动。

（5）引导学生重视教学活动中的安全问题，培养学生的安全意识和自我防护能力，避免发生安全事故。

（6）引导学生编写项目汇报，进行总结与交流。

（7）指导学生总结综合与实践课的感受和认识，提炼成果并加以总结与反思。

四、综合与实践课的误区

(1)将综合与实践课看作是极少数"优等生"的专利,导致教学活动趋向精英化。

(2)将综合与实践课理解为"科技类"活动,造成活动内涵的狭隘化。

(3)将综合与实践课理解为课程的附属内容,导致实践活动轻视化。

通过间接方法得到的知识,虽然看似丰富且易于掌握,但是这些知识往往容易遗忘,因为它们是外在的。相比之下,通过亲身经历获得的知识,虽然获取知识的过程相对缓慢、曲折,但是这些知识一旦理解与掌握,将会保持长久,终身获益。

第三章

典型案例

第一节　用频率估计概率

一、教材分析

本节课是选自沪科版九年级下册第26章第三节的内容,是在学生学习了随机事件与概率、初步了解了概率的意义、能用列举法求一些简单等可能事件的概率之后,对概率的进一步研究,为学生后续学习一步实验、两步实验乃至高中阶段学习"统计与概率"等内容奠定了基础。将2011年版的《义务教育数学课程标准》与2022年版进行比较,概率教学的重心已经转移到帮助学生形成随机观念。从研究方法上来看:抛硬币实验让学生亲自动手,经历猜测、实验、收集实验数据、分析实验结果、验证猜测的过程,感受随机实验是研究随机现象的基本方法。

本节课一方面通过学生动手操作——抛硬币实验组织教学活动,在积极探索发现硬币正面朝上的频率逐渐稳定在0.5的过程中,学生通过自主讨论培养了观察和归纳的能力;在与他人的合作和交流中,学生能较好地理解他人的想法,培养了团队合作精神。另一方面要充分考虑信息技术(几何画板,Excel表格)对数学内容和教学方式的影响,开发并向学生提供丰富的学习资源,把信息技术作为学生学习数学和解决问题的有力工具,有效地改进教与学的方式,使学生乐意投入到探究式的数学活动中,激发学生学习数学的兴趣,提升学生解决问题的能力,培养学生"三会"的核心素养。

二、实验器材

1元硬币若干,自制实验记录单,Excel表格,几何画板软件。

三、实验创新点

（1）利用Excel表格累加各组实验数据，提高学生的统计技能；插入折线统计图，实现由"数"到"形"的转换，便于学生发现规律，提高教学效率。

（2）学生自主学习、动手操作、合作交流的学习方式交互使用。教师引导学生在"做"中学，"思"中悟。

（3）利用计算机模拟实验，让学生感受实验次数很多时频率的变化情况。在课堂上真正实现"大量重复实验"，克服传统教学方法的弊端。

（4）通过实施实验活动，发展学生的"四基""四能"，合理利用信息技术进行实验设计，提高学生的信息素养，培养学生的"三会"素养。

四、实验设计思路

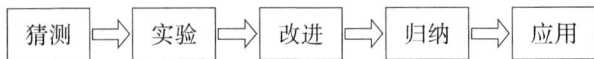

猜测 ⇒ 实验 ⇒ 改进 ⇒ 归纳 ⇒ 应用

五、实验教学目标

（1）通过实验操作，经历猜测、实验、收集数据、分析实验结果等过程，培养学生的探究能力。

（2）通过实验，感受在实验次数很多时，随机事件发生的频率具有稳定性。

（3）了解用频率估计概率的合理性和必要性，培养学生的随机思想、实践能力和创新意识。

六、实验教学过程

（一）创设情境

抛掷一枚质地均匀的硬币会出现两种情况，你认为正面朝上和反面朝上的可能性相同吗？

【设计意图】直接提出问题,引发学生讨论,在学生的交流中引出今天的课题,激发学生心中的探究欲望。

(二)模拟实验

实验一:抛硬币实验(估算正面朝上的频率)。

实验要求:请大家四人一组,其中一人将硬币从头顶的高度随机掷下,共抛掷20次,另一人在已发的表格中画"正"字记录结果,另外两个人监督汇报。(注意:每次都从相同的高度随机掷下,落到桌面外的重新抛掷)(如图3-1-1)

	抛掷总次数	正面朝上的次数(划记)	正面朝上的次数(合计)	正面朝上的频率
第8小组	20	正 正	10	0.5

图3-1-1

【设计意图】引导学生通过动手操作来验证事件发生的可能性,让学生亲身经历实验的全过程,获得丰富的直观经验,在实验中培养学生的随机观念。

实验完成后,班长和课代表收集实验数据,并将数据统计在Excel表格中,同时将数据填在画板上的表格中。(如图3-1-2、图3-1-3)

组数	一	二	三	四	五	六	七	八	九	十	十一	十二
抛掷总次数	20	20	20	20	20	20	20	20	20	20	20	20
正面朝上的次数	9	10	10	10	7	13	10	8	8	12	9	12
正面朝上的频率	0.45	0.5	0.5	0.5	0.35	0.65	0.5	0.4	0.4	0.6	0.45	0.6

图3-1-2

抛掷硬币实验

抛掷总次数	20	40	80	100	120	140	160	180	200	220	240
正面朝上的次数											
正面朝上的频率											

观察累加后的实验数据。
①观察正面朝上的频率有怎样的特点?
②观察正面朝下的频率有怎样的特点?
③为了更直观地看到数据的变化情况,还可以绘制怎样的统计图?

图3-1-3

【设计意图】为方便在表格中累加数据,将实验数据收集在表格中。引导学生观察数据,感受实验次数少的时候,正面朝上与正面朝下的次数波动较大。

（三）数据处理

实验二:借助Excel表格统计实验数据。(如图3-1-4)

累计各组的实验结果,并将实验数据累加在Excel表格中。

抛掷总次数	20	40	80	100	120	140	160	180	200	220	240
正面朝上的次数											
正面朝上的频率											

图3-1-4

引导学生观察累加后的实验数据,提出如下问题:

(1)观察正面朝上的频率有怎样的特点?

(2)为了更直观地看到数据的变化情况,还可以绘制怎样的统计图?

【设计意图】借助Excel表格,培养学生处理数据的能力。通过小组合作、动手操作等活动,让学生在"做"的过程和"思"的过程中逐步积累数学活动经验。

教师展示历史上一些数学家得出的统计结果,并把数据输入Excel表格(如图3-1-5、图3-1-6),再次追问:

(1)观察折线统计图,你有什么发现?

(2)继续加大实验次数,实验的结果会怎样?

试 验 者	抛掷次数	出现正面次数	出现正面的频率
Buffon(布丰)	4 040	2 048	0.506 9
De. Morgan(德·摩根)	4 092	2 048	0.500 5
Feller(费勒)	10 000	4 979	0.497 9
Pearson(皮尔逊)	12 000	6 019	0.501 6
Pearson(皮尔逊)	24 000	12 012	0.500 5

图3-1-5

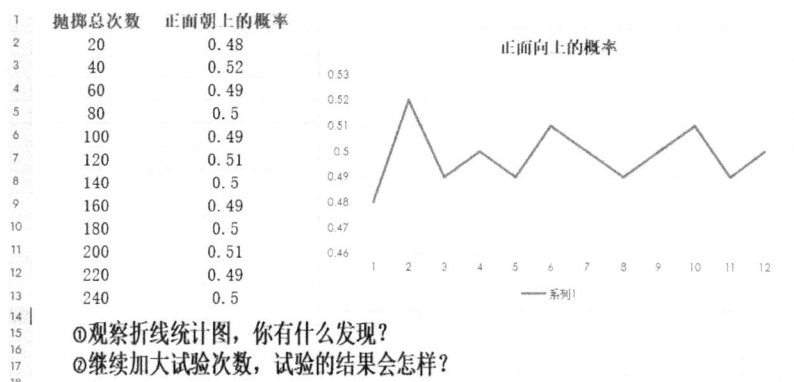

抛掷总次数	正面朝上的概率
20	0.48
40	0.52
60	0.49
80	0.5
100	0.49
120	0.51
140	0.49
160	0.49
180	0.5
200	0.51
220	0.49
240	0.5

❶观察折线统计图,你有什么发现?

❷继续加大试验次数,试验的结果会怎样?

图 3-1-6

【设计意图】通过绘制折线统计图,形象、直观地呈现正面朝上的频率,发展学生的几何直观,便于学生观察随机现象的变化趋势。

(四)改进实验

实验三:几何画板模拟。(如图 3-1-7)

这两个操作实验通过多次重复实验,估计出正面朝上的频率,但是费时费力!而实验二借助于 Excel 统计数据,使得试验结果更加直观。那么能不能借助信息技术进行大量重复实验呢?

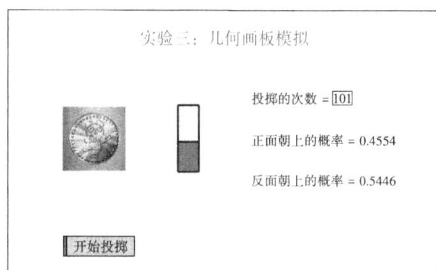

图 3-1-7

【设计意图】借助计算机模拟抛硬币实验,增加实验次数,弥补传统教学手段的不足,实现量的突破,提高学生对大量实验后事件的频率具有稳定性的认识。

师生共同总结如下:

即

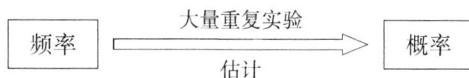

【设计意图】结合以上实验,引导学生总结自己在"做中学"的收获,理清思路,总结经验,形成良好的学习习惯。师生共同归纳如何通过实验的方法来确定频率的稳定性,总结活动体验,有利于学生积累活动经验,形成良好的数学思维习惯。

(五)布置作业

活动1:在不透明的箱子中,有红色和黄色两种除颜色外无其他差别的5个小球。在不打开箱子的前提下,每次随机摸出一个小球后放回,你能说出箱子里面有几个黄球吗? 设计解决这个问题的方案,并与全班同学交流。

活动2:投一枚图钉(如图3-1-8),你能估计出"钉尖朝上"的概率吗?

针尖朝上　　　　针尖朝下

图3-1-8

【设计意图】通过布置课后活动,激发学生再探究的欲望,巩固和检验所学知识,使学生深刻理解用频率估计概率的方法。

七、实验教学反思

在教学过程中,教师给学生提供了充足的实验时间和空间,让学生完整地经历了实验的过程,并通过多种信息技术手段的运用,有利于教学目标的达成;注重培养学生的数据分析观念,发展学生的核心素养。不足的是课堂教学时间有限,没有给学生更多展示自我的机会,不能充分地调动每一个学生进行积极思考、主动参与。

《用频率估计概率》数学实验报告单

实验名称	用频率估计概率
实验目的	1.通过实验操作,经历猜测、实验、收集数据、分析实验结果等过程,培养学生的探究能力。 2.通过实验,感受在实验次数很多时,随机事件发生的频率具有稳定性。 3.了解用频率估计概率的合理性和必要性,培养学生的随机思想、实践能力和创新意识。
实验要求	学生自主学习、动手操作、合作交流、自主实施实验操作
实验工具	1元硬币若干,自制实验记录单,Excel表格,几何画板软件
小组名单	唐安然、戈梦玲、梁一凡、昂俊杰

实验操作

模拟实验:实验一:抛硬币实验(估算正面朝上的频率);

　　　　　实验二:借助Excel表格统计实验数据;

　　　　　实验三:几何画板模拟;

数据处理:小组记录抛掷硬币正面朝上的次数,并计算频率;借助Excel表格累加各小组实验数据并绘制成折线图,辅以几何画板软件验证大量的重复实验所得数据

实验实施过程

实验一:

第8小组	抛掷总次数	正面朝上次数(划记)	正面朝上次数(总数)	正面朝上的频率
	20	10	10	50%

实验二:

抛掷总次数	40	60	80	100	120	140	160	180	200
正面朝上次数	20	32	42	56	63	75	82	95	112
正面朝上频率	50%	53.3%	52.5%	56%	52.5%	53.5%	51.2%	52.8%	56%

实验三:

几何画板抛掷总次数	100	200	1000	2000	10000	20000
正面朝上次数	55	112	512	1120	5320	10200
正面朝上频率	55%	56%	51.2%	56%	53.2%	51%

实验不足及反思	实验不足之处: (1)样本量不足:我们未能采集足够大的样本量来准确估计事件的概率。更大的样本量能够减小随机误差,使得估计更为准确。 (2)实验设计问题:实验设计存在一些偏差,如未能充分随机化或未能控制外部变量,这些因素可能会影响最终估计结果的准确性和可靠性。 反思与改进: (1)增加样本量:尽可能地增加样本量,以获得更准确的估计结果。 (2)改进实验设计:优化实验设计,确保随机化和控制变量,以减少偏差并增强实验结果的可信度

第二节　足球运动中的最佳射门角

一、教材分析

本节课内容选自沪科版九年级数学下册24.8综合与实践"进球线路与最佳射门角"。学生通过动手操作和独立思考,经历了"思路探究——实验验证——结论猜想——信息技术验证"的过程,激发了学生学习探究的兴趣,培养了学生的团队合作意识,发展了学生的实践能力和创新精神,有效培养了学生"三会"核心素养和理性思维。

二、实验器材

直尺,卷尺,圆规,量角器,胶带,粉笔,铅笔,橡皮,几何画板等。

三、实验创新点

(1)基于教材,设计实验内容,构建实际场景。学生到室外进行动手操作,经历发现问题、交流讨论、分析数据、形成结论的过程,增强了学生学习的兴趣和进行实验探究的积极性。

(2)为了探究更多可能的情况,对实验进行作图分析。六个实验组分别完成三个实验项目:横向跑动、直向跑动和斜向跑动。相同实验项目的两组可以互为对照组,分析实验结论,找到最佳射门角。

(3)充分运用信息技术手段(几何画板)。从实际操作中抽象出动态图形,让学生直观感受最佳射门角的位置,使实验猜想结论更具说服力,为后续理论证明做好准备。

四、实验设计思路

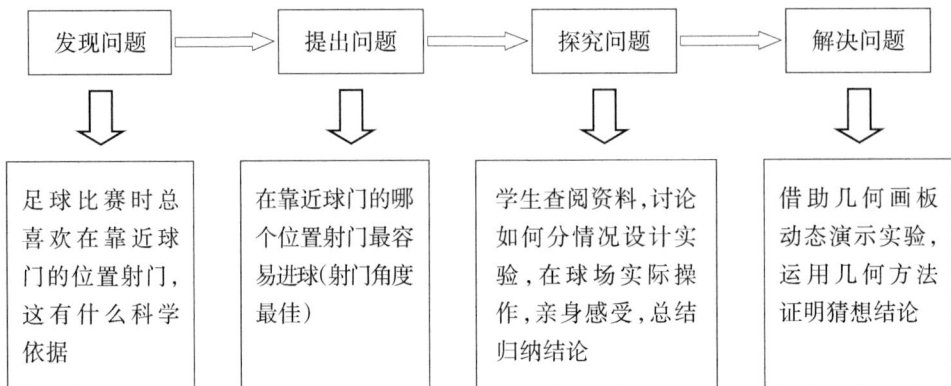

发现问题	→	提出问题	→	探究问题	→	解决问题

足球比赛时总喜欢在靠近球门的位置射门，这有什么科学依据	在靠近球门的哪个位置射门最容易进球(射门角度最佳)	学生查阅资料,讨论如何分情况设计实验,在球场实际操作,亲身感受,总结归纳结论	借助几何画板动态演示实验,运用几何方法证明猜想结论

五、实验教学目标

(1)通过实验帮助学生直观理解"进球线路与最佳射门角"问题,解决生活中求最佳路径的问题。

(2)经历解决"进球线路与最佳射门角"问题的过程,体会数学建模思想,提高学生的直观想象和数据分析能力。

(3)通过实验教学锻炼学生的动手能力、思维能力,增强学生解决问题的能力及合作创新意识。

六、教学重难点

通过实际问题,学生进行独立思考、动手操作和建立数学模型,将抽象问题和几何直观相结合是本节课的重点,寻找直向运动的最佳射门点是本节课的难点。

七、实验教学过程

(一)问题引入

足球场上的顺口溜:冲向球门跑,越近就越好;歪着球门跑,射点要选好!

学生课前自主预习书本相关内容,了解进球线路、射门点与射门角等相关概念,理解射门角与射门进球率的关系。

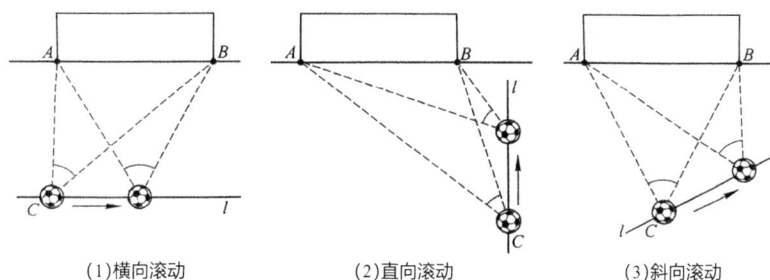

(1)横向滚动　　　　(2)直向滚动　　　　(3)斜向滚动

展示问题:①三种不同线路,是否都存在最佳射门点与最佳射门角?

②每种路线中,最佳射门点在哪? 什么时候取得最佳射门角?

(二)设计实验

实验一:探究足球横向跑动中最佳射门点与最佳射门角。

实验步骤如下。

步骤①:室外测量;(如图3-2-1)

步骤②:画图分析;(如图3-2-2)

步骤③:猜想结论。

图3-2-1

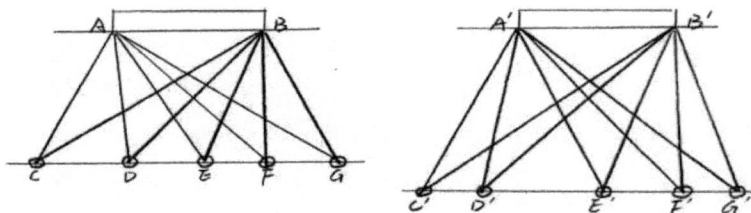

角	度数	角	度数
∠ACB	40°	∠A′C′B′	20°
∠ADB	55°	∠A′D′B′	25.5°
∠AEB	62°	∠A′E′B′	35.5°
∠AFB	55°	∠A′F′B′	29°
∠AGB	33°	∠A′G′B′	21°

图3-2-2

猜想结论:

足球横向跑动时,由左向右射门角会先变大,再变小,所以当足球位于球门正前方时射门角最大。因此,最佳射门角的顶点是球门AB的中垂线与横向跑动直线的交点,且与AB的距离越近,最佳射门角越大。

实验二:探究足球直向滚动中最佳射门点与最佳射门角。

实验步骤如下。

步骤①:室外测量;(如图3-2-3)

步骤②:画图分析;(如图3-2-4)

步骤③:猜想结论。

图3-2-3

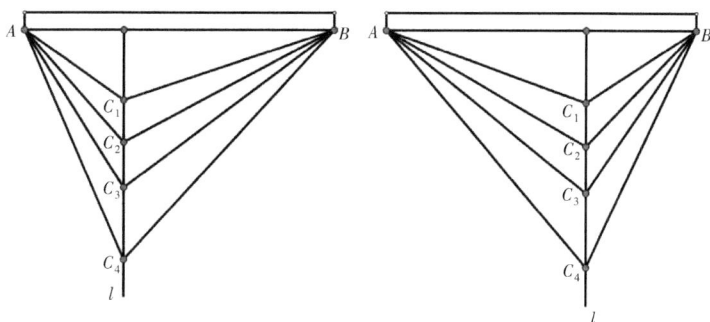

角	度数	角	度数
$\angle AC_1B$	112°	$\angle AC_1B$	113°
$\angle AC_2B$	63°	$\angle AC_2B$	62°
$\angle AC_3B$	50°	$\angle AC_3B$	50°
$\angle AC_4B$	34°	$\angle AC_4B$	35°

图3-2-4

猜想结论:

足球直向跑动(由下向上)时,当跑动直线 l 与球门 AB 有交点时,射门角度逐渐变大,因此不存在最佳射门点和最佳射门角;当跑动直线 l 与球门 AB 的延长线有交点时,射门角度先变大,再变小,因此存在最佳射门点和最佳射门角。作出猜想:当过 A,B 两点的圆与直线 l 相切时,切点 C 为最佳射门点,形成的 $\angle ACB$ 为最佳射门角。

实验三:探究足球斜向跑动中最佳射门点与最佳射门角。

实验步骤如下。

步骤①:室外测量;(如图3-2-5)

步骤②:画图分析;(如图3-2-6)

步骤③:猜想结论。

图3-2-5

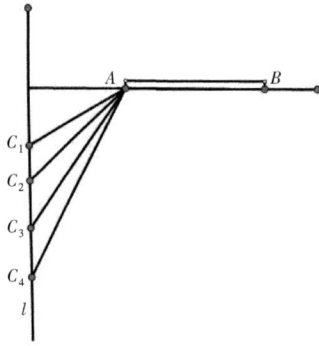

角	度数
α	27°
β	33°
γ	32°
η	30°

图 3-2-6

猜想结论：

足球斜向跑动时，当跑动直线 l 与球门 AB 有交点时，射门角逐渐变大，所以存在最佳射门点和最佳射门角。因此，当过 A,B 两点的圆与直线 l 相切时，切点 C 为最佳射门点，形成的 $\angle ACB$ 为最佳射门角。

（三）几何画板直观演示实验

（1）几何画板动态演示足球横向跑动中最佳射门点与最佳射门角。（如图 3-2-7）

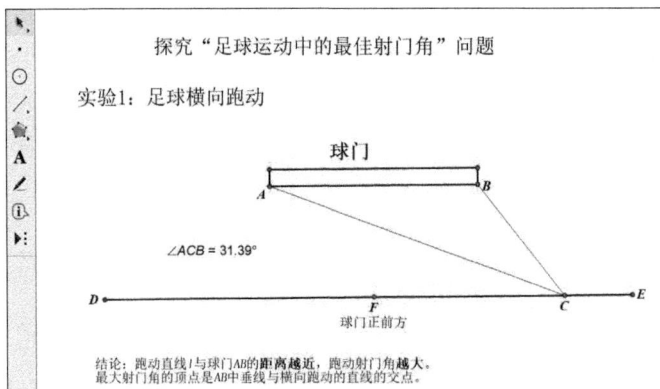

图 3-2-7

（2）几何画板动态演示足球直向跑动中最佳射门点与最佳射门角。（如图 3-2-8、图 3-2-9）

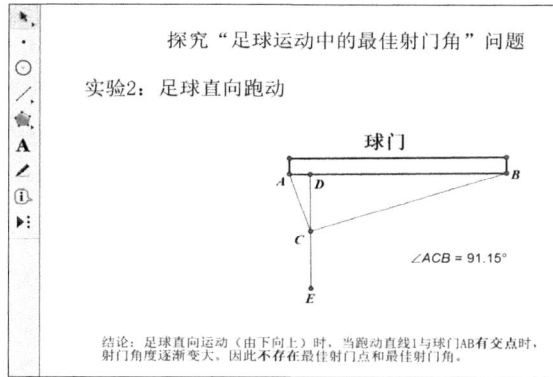

图3-2-8

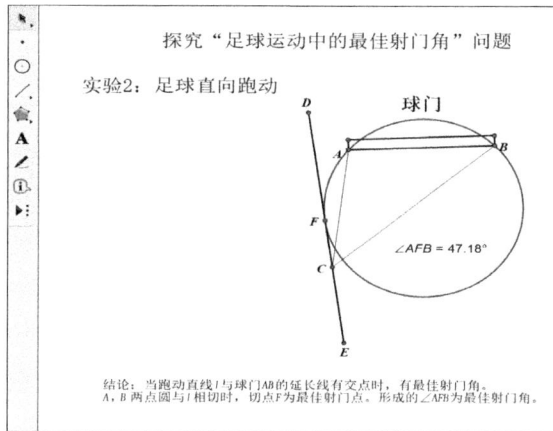

图3-2-9

（3）几何画板动态演示足球斜向跑动中最佳射门点与最佳射门角两种情况。（如图3-2-10）

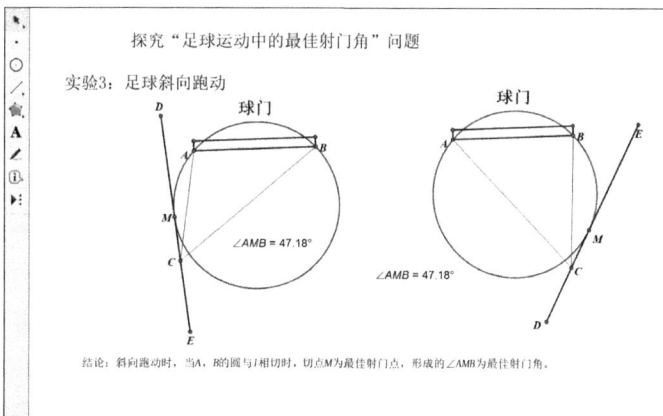

图3-2-10

（四）总结实验结论

（1）横向跑动时：跑动直线 l 与球门 AB 的距离越近，最佳射门角越大。最大射门角的顶点是 AB 中垂线与横向跑动的直线的交点。

（2）直向跑动时：当跑动直线 l 与球门 AB 有交点时，没有最大射门角，射门点离球门 AB 越近，射门角越大；当跑动直线 l 与球门 AB 的延长线有交点时，有最佳射门角，过 A,B 两点的圆与 l 相切时，切点 C 为最佳射门点，形成的 $\angle ACB$ 为最佳射门角。

（3）斜向跑动时：当过 A,B 两点的圆与 l 相切时，切点 C 为最佳射门点，形成的 $\angle ACB$ 为最佳射门角。

（五）理论证明

请同学们课下阅读课本的相关内容，对发现的结论进行证明。

八、实验教学反思

（一）实验评价

（1）学生寻找最佳射门点时，通过反复进行实验，找到最优的方法，体会了尺规作图的科学性。

（2）通过本节实验课，有效突破了本节课找最佳射门点这一难点，并让学生体会数学来源于生活。

（3）通过动手操作、思路探究、实验验证、结论猜想、信息技术验证，学生体验了数学结论的形成过程，提高了数学探究的积极性，发展了"三会"素养。

（二）实验反思

（1）学生室外动手操作时，由于工具的有限性，得到的数据误差较大，测量工具有待进一步完善。

（2）实验猜想后用几何画板进行直观演示，虽然能直观感知最佳射门点，但是理论证明的方法不容易想到，有待进一步完善。

《足球运动中的最佳射门角》数学实验报告单

实验名称	足球运动中的最佳射门角
实验目的	1.通过实验帮助学生直观理解"进球线路与最佳射门角"问题,解决生活中求最佳路径问题; 2.经历解决"进球线路和最佳射门角"问题的过程,体会数学建模思想,提高学生的直观想象和数据分析能力; 3.通过实验教学锻炼学生的动手能力,思维能力,增强学生的解决问题的能力及合作、创新意识
实验要求	分析实验结论,找到最佳射门角
实验工具	直尺,卷尺,圆规,量角器,胶带,粉笔,铅笔,橡皮,几何画板
小组名单	
实验过程 (画图)	

角	度数	角	度数
$\angle ACB$	40°	$\angle A'C'B'$	20°
$\angle ADB$	55°	$\angle A'D'B'$	25.5°
$\angle AEB$	62°	$\angle A'E'B'$	35.5°
$\angle AFB$	55°	$\angle A'F'B'$	29°
$\angle AGB$	33°	$\angle A'G'B'$	21°

实验记录（见上表）

实验结论	通过两组实验对比,发现足球横向跑动时,由左到右射门角会先变大,再变小,所以当足球位于球门正前方时射门角最大. 因此,最佳射门角的顶点是球门 AB 的中垂线与横向跑动的直线交点,且与 AB 的距离越近,最佳射门角越大

实验名称	足球运动中的最佳射门角
实验目的	1.通过实验帮助学生直观理解"进球线路与最佳射门角"问题,解决生活中求最佳路径问题; 2.经历解决"进球线路和最佳射门角"问题的过程,体会数学建模思想,提高学生的直观想象和数据分析能力; 3.通过实验教学锻炼学生的动手能力,思维能力,增强学生的解决问题的能力及合作、创新意识
实验要求	分析实验结论,找到最佳射门角
实验工具	直尺,卷尺,圆规,量角器,胶带,粉笔,铅笔,橡皮,几何画板
小组名单	
实验过程 (画图)	
实验记录	

角	度数	角	度数
$\angle AC_1B$	112°	$\angle AC_1B$	113°
$\angle AC_2B$	63°	$\angle AC_2B$	62°
$\angle AC_3B$	50°	$\angle AC_3B$	50°
$\angle AC_4B$	34°	$\angle AC_4B$	35°

实验结论	通过两组实验对比发现,足球直向跑动(由下向上)时,当跑动直线 l 与球门 AB 有交点时,射门角逐渐变大,所以不存在最佳射门点和最佳射门角。 因此,跑动直线 l 与线段 AB 有交点时,没有最佳射门角

实验名称	足球运动中的最佳射门角
实验目的	1.通过实验帮助学生直观理解"进球线路与最佳射门角"问题,解决生活中求最佳路径问题; 2.经历解决"进球线路和最佳射门角"问题的过程,体会数学建模思想,提高学生的直观想象和数据分析能力; 3.通过实验教学锻炼学生的动手能力,思维能力,增强学生的解决问题的能力及合作、创新意识
实验要求	分析实验结论,找到最佳射门角
实验工具	直尺,卷尺,圆规,量角器,胶带,粉笔,铅笔,橡皮,几何画板
小组名单	
实验过程 (画图)	
实验记录	<table><tr><td>角</td><td>度数</td></tr><tr><td>α</td><td>27°</td></tr><tr><td>β</td><td>33°</td></tr><tr><td>γ</td><td>32°</td></tr><tr><td>η</td><td>30°</td></tr></table>
实验结论	足球斜向跑动时,当跑动直线l与球门AB有交点时,射门角逐渐变大,所以存在最佳射门点和最佳射门角。因此,当过A,B两点的圆与直线l相切时,切点C为最佳射门点,形成的$\angle ACB$为最佳射门角

第三节　蚂蚁爬行的最短路径

一、教材分析

　　本节课内容选自沪科版数学九年级下册第25章第2节"由三视图确定几何体及计算",主要考查三视图、展开图和勾股定理知识点。将立体几何的展开图和勾股定理相结合,是初中几何的典型问题,也是考查学生几何直观和计算能力的重要题型。

　　本节课运用正方体展开图和勾股定理等知识,通过实验探究,培养学生的实践能力;通过信息技术与题目的有效融合,培养学生解决问题的能力,有效提升学生的几何直观、空间观念、模型观念和运算能力。

　　《义务教育数学课程标准(2022年版)》的课程理念指出:"合理利用现代信息技术,提供丰富的学习资源,设计生动的教学活动,促进数学教学方式方法的变革。"本节课的实验案例涵盖了从动手操作到利用信息技术进行验证的各个环节,使学生能够达到课标中的要求:了解直棱柱的侧面展开图,能根据展开图想象和制作模型,并能够解决实际问题。

二、实验器材

　　正方体模型,长方体模型,直尺,多媒体,GeoGebra数学软件等。

三、实验创新点

　　(1)探究环节:学生分小组合作后自己制作正方体和长方体模型,并自主探究。

　　(2)验证环节:学生利用GGB软件进行动态操作,归纳结论。

四、实验设计思路

动手操作 ⟹ 展示结果 ⟹ 技术验证 ⟹ 分析归纳

五、实验教学目标

(1)通过动手设计和展开简单的立体图形,求得最短路径。

(2)学生自主设计长方体模型,通过动手操作和技术验证得出结论,掌握基本计算方法,培养操作能力和计算能力。

(3)通过实验结果探究规律,掌握从特殊到一般的归纳方法。

(4)采用小组合作的方式,提高学生的学习能力和创新精神。

六、实验教学过程

(一)提出问题,寻找路径

问题一:如图 3-3-1 是一个棱长为 1 cm 的正方体,现在有一只蚂蚁在正方体的表面从点 A 爬行到点 C_1,问:蚂蚁应该选择怎样的路径可使爬过的路程最短,最短路程是多少?

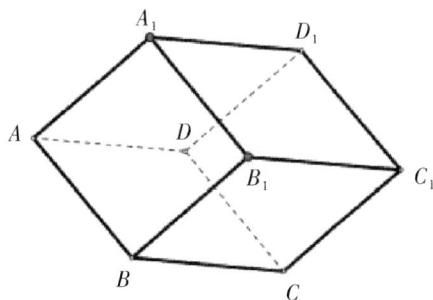

图 3-3-1

实验一:在正方体上求路径。(如图 3-3-2)

实验要求:①学生个人绘制并拼接出一个正方体;

②通过动手画出不同路径并找到最短的路径;

③通过计算验证结果的正确性,给出结论。

在正方体上求路径

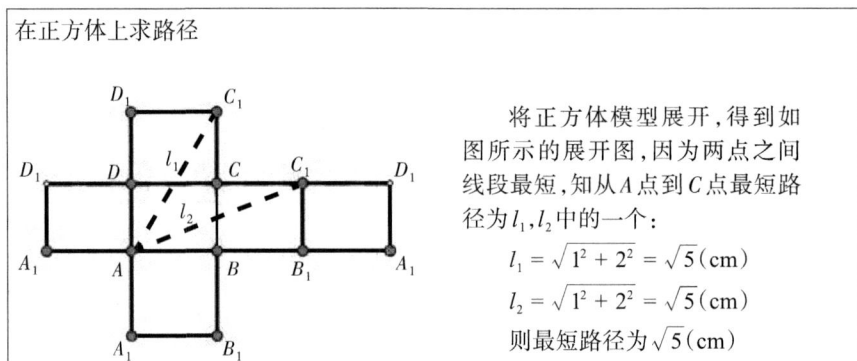

将正方体模型展开,得到如图所示的展开图,因为两点之间线段最短,知从 A 点到 C 点最短路径为 l_1、l_2 中的一个:

$$l_1 = \sqrt{1^2 + 2^2} = \sqrt{5} \,(\text{cm})$$

$$l_2 = \sqrt{1^2 + 2^2} = \sqrt{5} \,(\text{cm})$$

则最短路径为 $\sqrt{5}$(cm)

图 3-3-2

【设计意图】从一个简单的正方体开始,有利于学生自己动手做出正方体模型,然后通过将正方体展开找到路径绘制方法。从简单的活动出发,学生在轻松的氛围下找到解决问题的方法,更能够激发学生的解题兴趣。

(二)动手操作,解决问题

问题二:如图 3-3-3 是一个长为 5 cm、宽为 4 cm、高为 3 cm 的长方体,现在有一只蚂蚁在长方体的表面从点 A 爬行到点 C_1,问:蚂蚁应该选择怎样的路径可使爬过的路程最短,最短路程是多少?

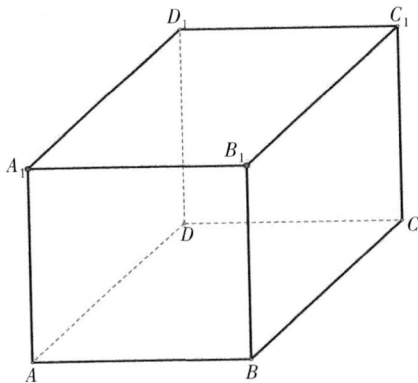

图 3-3-3

实验二:在长方体上求路径。(如图 3-3-4)

实验要求:①学生分四人小组合作绘制并拼接出一个长方体;

②小组合作画出不同路径并找到最短的路径;

③通过计算验证结果的正确性,给出结论。

在长方体上求路径

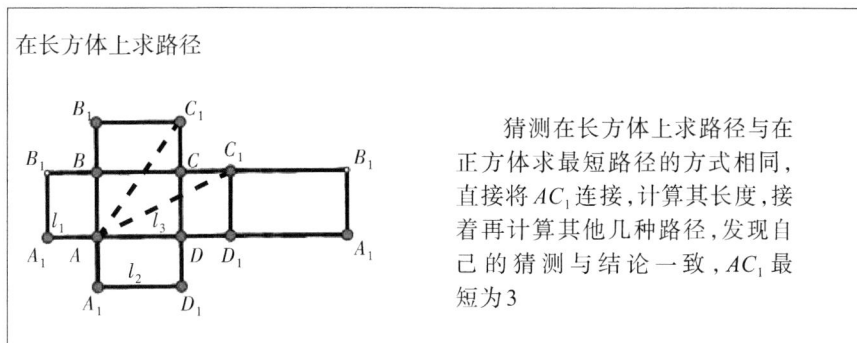

猜测在长方体上求路径与在正方体求最短路径的方式相同，直接将AC_1连接，计算其长度，接着再计算其他几种路径，发现自己的猜测与结论一致，AC_1最短为3

图3-3-4

【设计意图】在实验一的基础上稍加难度，将正方体转变为长方体，学生用上述方法拼接出长方体，然后采用不同的方法找出路径并进行计算。这样的过程有助于学生的思维能力逐步提升，为接下来的模型抽象做准备。

（三）实验推广，深入探讨

问题三：如图3-3-5是一个长方体，它的长、宽、高分别为a,b,c，且$a>b>c$。现在有一只蚂蚁在长方体的表面上从点A爬到点C_1，问：蚂蚁应该选择怎样的路径可使爬过的路程最短，最短路程是多少？

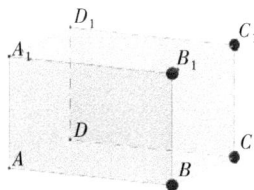

图3-3-5

实验三：在任意一个长方体上绘制路径，探索结论。

实验步骤：①教师用GGB软件展示，演示操作方法；（如图3-3-6）

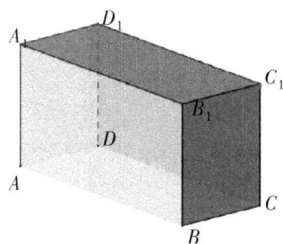

□尝试一下沿着A_1B_1展开吧！

□尝试一下沿着BB_1展开吧！

□尝试一下沿着BC展开吧！

图3-3-6

②小组合作，学生自己设置长方体的长、宽、高，将长方体展开并绘制所得路径

图,通过数据的展现得出结论;(如图3-3-7、图3-3-8)

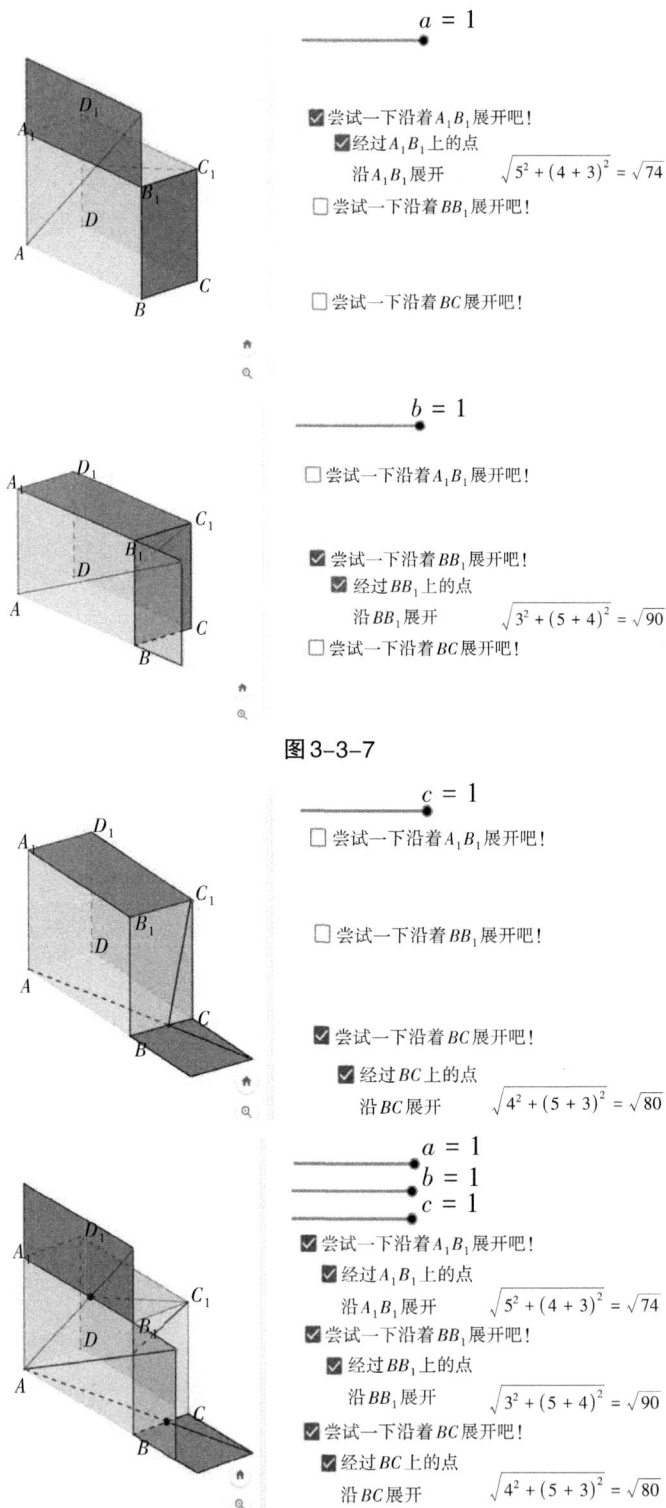

$a = 1$

☑尝试一下沿着A_1B_1展开吧!
　☑经过A_1B_1上的点
　　沿A_1B_1展开　　$\sqrt{5^2 + (4+3)^2} = \sqrt{74}$
☐尝试一下沿着BB_1展开吧!

☐尝试一下沿着BC展开吧!

$b = 1$

☐尝试一下沿着A_1B_1展开吧!

☑尝试一下沿着BB_1展开吧!
　☑经过BB_1上的点
　　沿BB_1展开　　$\sqrt{3^2 + (5+4)^2} = \sqrt{90}$
☐尝试一下沿着BC展开吧!

图3-3-7

$c = 1$

☐尝试一下沿着A_1B_1展开吧!

☐尝试一下沿着BB_1展开吧!

☑尝试一下沿着BC展开吧!
　☑经过BC上的点
　　沿BC展开　　$\sqrt{4^2 + (5+3)^2} = \sqrt{80}$

$a = 1$
$b = 1$
$c = 1$

☑尝试一下沿着A_1B_1展开吧!
　☑经过A_1B_1上的点
　　沿A_1B_1展开　　$\sqrt{5^2 + (4+3)^2} = \sqrt{74}$
☑尝试一下沿着BB_1展开吧!
　☑经过BB_1上的点
　　沿BB_1展开　　$\sqrt{3^2 + (5+4)^2} = \sqrt{90}$
☑尝试一下沿着BC展开吧!
　☑经过BC上的点
　　沿BC展开　　$\sqrt{4^2 + (5+3)^2} = \sqrt{80}$

图3-3-8

③小组间合作，对比数据，归纳结论。（如图3-3-9）

在任意一个长方形上绘制路径，探索结论.

通过在GGB上的长方体模型中改变a,b,c滑条，得到以下表格：

长（a）/cm	宽（b）/cm	高（c）/cm	最短路径/cm
5	3	4	5
1	1	1	1
5	4	3	3
3	4	5	3

结论：掌握从特殊到一般的归纳过程，了解直棱柱的侧面展开图，能根据展开图想象和制作模型

图3-3-9

【设计意图】将实物模型转变为抽象模型，抽象模型的处理建立在学生已有的经验上，学生在解决前面的问题时已经有不同的方法，在这里只需要将特殊的数转化为一般性字母，最终找到解决问题的通用方法，以达成目标。

（四）结论验证，运用巩固

问题四：如图3-3-10是一个长为13、宽为12、高为5的长方体，现在有一只蚂蚁在长方体的表面从点A爬到点C_1，问：蚂蚁应该选择怎样的路径可使爬过的路程最短，最短路程是多少？

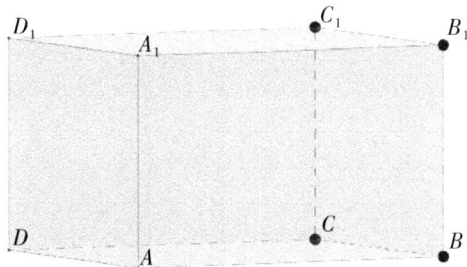

图3-3-10

学生活动：能够运用结论快速计算结果。

（五）小结提升，归纳拓展

（1）回顾三个实验的操作步骤、实验结果与结论。

（2）回顾本节课的探究过程，我们是如何研究并解决问题的？

（3）交流汇报实验中的心得体会。

（4）拓展问题：在操作GGB软件的过程中，通过改变a,b,c值的大小，你发现了什么结论？能用自己的语言叙述吗？

七、实验教学反思

在本节课的教学过程中，始终围绕从特殊到一般的思维方式进行归纳，力求培养学生发现问题和解决问题的能力。通过"画展开图"到"找路径"再到"设计GGB"的操作环节，学生能够直观地找到最短路径，最终得出结论。通过改变a,b,c的值来得到不变的结论，是学生从直接计算的层次走向抽象模型的层次的必经之路。当然为实现层次上的突破，我们要继续完善GGB课件中的相关内容，实现在不同数据、不同情景，甚至不同图形中进行探究，达到利用信息技术有效提升学生核心素养的目的。

《蚂蚁爬行的最短路径》数学实验报告单

实验名称	蚂蚁爬行的最短路径
实验目的	1.通过动手设计和展开简单的立体图形,求得最短路径; 2.学生自主设计长方体模型,通过动手操作和技术验证得出结论,掌握基本计算方法,培养操作能力和计算能力; 3.通过实验结果探究规律,掌握从特殊到一般的归纳过程; 4.采用小组合作,提高了学生的学习能力和创新精神
实验要求	学生分小组合作并自主探究,利用GGB软件进行动态操作,归纳结论
实验工具	正方体模型,长方体模型,直尺,多媒体,GeoGebra数学软件
小组名单	张雨欣,计雨晨,胡晶晶,郑欣悦
实验一	在正方体上求路径 将正方体模型展开,得到如图所示的展开图,因为两点之间线段最短,知从A点到C点最短路径为l_1,l_2中的一个: $l_1 = \sqrt{1^2 + 2^2} = \sqrt{5}(\mathrm{cm})$ $l_2 = \sqrt{1^2 + 2^2} = \sqrt{5}(\mathrm{cm})$ 则最短路径为$\sqrt{5}(\mathrm{cm})$
实验二	在长方体上求路径 猜测在长方体上求路径与在正方体求最短路径的方式相同,直接将AC_1连接,计算其长度,接着再计算其他几种路径,发现自己的猜测与结论一致,AC_1最短为3
实验三	在任意一个长方形上绘制路径,探索结论. 通过在GBB上的长方体模型中改变a,b,c滑条,得到以下表格: 表格见下

长(a)/cm	宽(b)/cm	高(c)/cm	最短路径/cm
5	3	4	5
1	1	1	1
5	4	3	3
3	4	5	3

结论:掌握从特殊到一般的归纳方法,了解直棱柱的侧面展开图,能根据展开图想象和制作模型

第四节　翻牌游戏问题

一、教材分析

"翻牌游戏问题"改编自沪科版教材七年级上册第38页阅读与思考"翻币问题"，是在学生已掌握有理数的乘法知识点后设计的一节活动课。学生通过参与翻牌游戏，理解"负因数"的个数对积的符号带来的影响，并在此基础上得出结论。本节课通过安排易于操作且趣味性极高的翻牌游戏，充分激发学生参与数学活动的热情，并进一步提高学生对数学原理的探究欲；运用游戏化学习策略，激发学生的思维能力和创造力；体会数学建模的基本思想，令学生体会到分类讨论在解决数学问题中的重要性。

本节课采用数学实验探究的方法，通过情景假设、分组活动、提出假设、验证假设、归纳演绎等过程，使学生在教师的问题引导下自主探究翻牌游戏中隐藏的数学原理。通过多媒体课件以及其他教具的辅助教学使抽象的知识具体化、直观化、形象化，帮助学生更好地理解和掌握知识，从而提高课堂教学效率，提高学生归纳推理的能力，培养学生逻辑推理的核心素养。

二、实验器材

纸牌、混合式媒体教学环境、几何画板。

三、实验创新点

(1)激发兴趣：通过参加有趣的翻纸牌活动，促使学生发现其中存在的特殊规律。

(2)信息技术验证：通过在几何画板中设计翻牌活动来展示数学原理。

四、实验设计思路

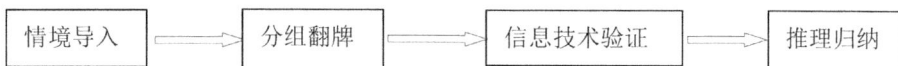

情境导入 ⟹ 分组翻牌 ⟹ 信息技术验证 ⟹ 推理归纳

五、实验教学目标

(1)理解翻牌游戏问题与乘法原理之间的关系,了解将实际问题抽象为数学问题的过程。

(2)通过合作探究、操作实验,发展学生动手动脑、观察、分析、归纳的能力。

(3)体会提出问题、解决问题的快乐,增强学生的合作交流意识和能力,培养学生学习数学的兴趣。

六、实验教学过程

(一)创设情境,巧妙导入

问题导入:教室里有3盏灯亮着,能不能通过每次同时拨动两个开关将这3盏灯全部关上?

【设计意图】利用学生未曾接触过的生活问题激发学生的认知冲突,达到提高学生学习兴趣与参与活动积极性的目的。帮助学生理解开关的"开、关"两个状态正好可以对应扑克牌的正面朝上、反面朝上两种状态。为了方便操作,可以用扑克牌来模拟开关,进一步引出接下来的实验内容:研究 m 张正面朝上的扑克牌,每次翻转 n 张,且 $m \geqslant n$,若干次操作能否使扑克牌全部反面朝上? 有什么规律?

(二)设计实验,验证猜想

问题1:桌上有3张反面朝上的扑克牌,每次翻动其中任意2张(包括已翻过的牌),使它们从一面朝上变为另一面朝上,反复操作,能否使所有的牌都正面朝上?

学生活动:(1)分组进行3张牌中翻2张牌活动;

（2）揭示翻牌结果：第一次翻出2正1反，以后总是重复2正1反。（如图3-4-1）

图3-4-1

【设计意图】3张翻2张，是学生容易参与的活动，因为有很多物品可以代替扑克牌，学生很快就能进入课堂实验。从最简单的游戏入手，让学生自己去尝试用各种方法探究问题，激发学生学习的兴趣。学生虽然能够得出不能翻成功的结果，但是为什么出现这一结果不清楚。通过教师的翻牌展示，学生更清楚地认识了2正1反的同一结果，强化了整体意识。

（三）深入实验，解决问题

问题2：3张翻2张不能成功，那么5张翻2张能够成功吗？

学生活动：学生容易猜想不能成功，因为3和5同样是奇数。但是对于其中的数学道理认识模糊，需要教师引导。5张虽然只比3张多两张，但是具有类推的共性，能够得出任意奇数张都不能翻回的结论，而且5张牌更容易用±1表达翻牌结果。（如图3-4-2）

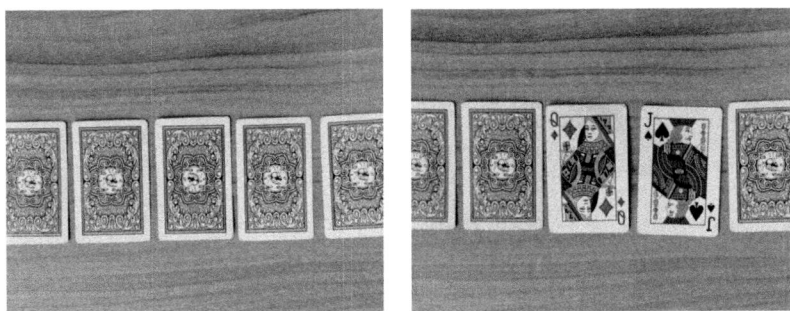

图3-4-2

【设计意图】用±1代表反面和正面，进行翻数字牌的游戏，考虑牌面数字乘积的正负性。在本环节可以让学生体验用数学符号代替实物进行解决问题的简便之处。初步得到改变2个因数的符号不能改变乘积符号的结果。

问题3：3张翻2张不能成功，那么6张翻2张能够成功吗？9张翻2张能成功吗？

（如图 3-4-3）

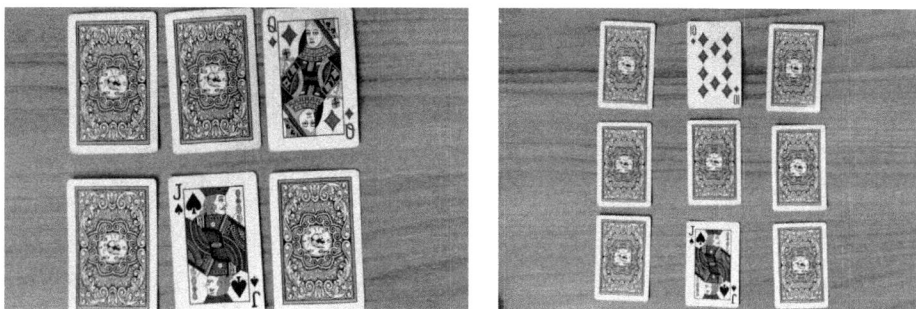

图 3-4-3

【设计意图】(以 9 张牌为例)我们在每张牌的正面都标记数字 1,反面则标记数字-1,随后计算一下所有牌朝上一面的数字的积。开始时,6 张牌全部正面朝上,则牌面朝上数字的积是 1,那么每次翻动 2 张,意味着有 2 张牌同时改变符号,那么牌面朝上的数乘积结果仍然是 1。如果开始时 6 张牌都反面朝上,则朝上一面数的乘积是-1,每次翻动 2 张,意味着依然有两张牌同时改变符号,那么朝上一面数的乘积也不会发生任何变化。

问题 4:通过改变牌的总数和翻牌的张数,能否使所有牌翻成正面向上?

学生活动:学生解决了总牌数为奇数时翻 2 张不能成功的问题,很自然地会产生联想,怎样可以翻成功呢? 试试 4 张翻 3 张和 5 张翻 3 张能否翻成功? 小组合作共同完成,并利用数学软件完成计算。(如图 3-4-4)

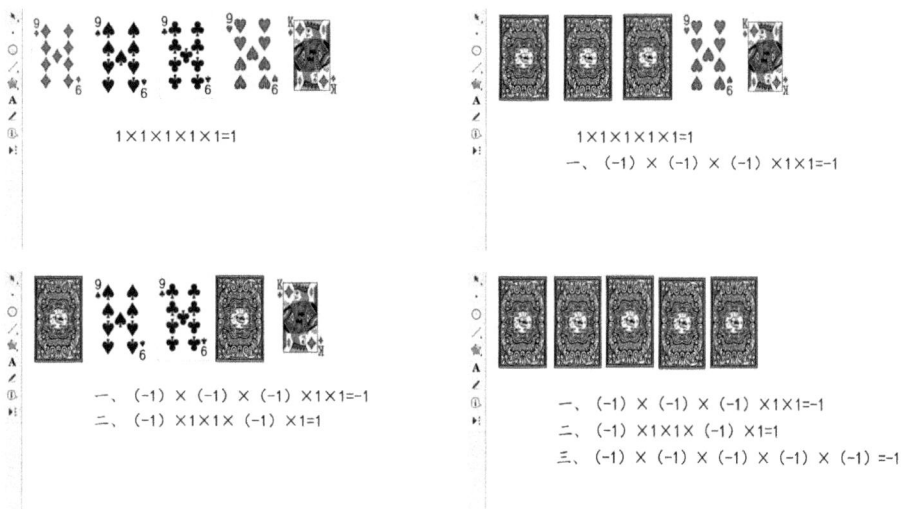

图 3-4-4

【设计意图】提出问题让学生进行发散思考,将问题拓展升华。学生在 4 张翻 3 张、5 张翻 3 张的实验中,很多学生可能翻不成功,因为分类的标准没有弄清楚,翻出的牌型要跟上一次不重复,如果始终无法翻出不一样的牌型,那么一定不能成功。由不成功的案例,反思能否有成功的案例,引导学生进一步思考"负因数的个数决定积的符号"的结论。

(四)实验小结,课后拓展

问题5:学生讨论翻2次不能成功,为什么翻3次就能成功?

【设计意图】通过改变翻牌的张数就改变了负因数的个数,学生在理解和认知上存在疑惑。在此揭示游戏秘密:(1)奇数张牌每次翻2张,改变了2个因数的符号,相当于原式×(−1)×(−1)=原式,没有改变原式的符号,所以不能得到全部正面朝上。(2)当翻3张牌时,相当于原式×(−1)×(−1)×(−1),改变了原式的符号,就可能通过多次翻牌得到全部正面朝上的结果。

总结:以上实验中,是用乘法来对结果进行验证。同时改变偶数个数据的符号,意味着每次操作都有两个相同的数据符号对应,那么整体符号由剩下的单个数据的符号决定,即负因数的个数影响乘积符号。完整解释为:几个不为零的有理数相乘,负因数的个数决定该乘积的符号,当负因数的个数为奇数时,乘积为负数;当负因数的个数为偶数时,乘积为正数。

问题6:你还能提出一个类似翻牌游戏的问题吗? 例如奇数或偶数张牌互翻的情况,请大家课后思考。

【设计意图】学生成功得出前面结论后会很自然地联想更普遍的规律。引发学生思考,提出问题,不一定要证明,至少可以提出猜想,发散学生思维,发展学生提出问题的能力。

七、实验教学反思

在本案例中,主要围绕如下两点展开:第一,从实际生活中提炼问题,设置由易到难的几组实验,让学生经历实验、观察、猜想、验证和应用的过程,注重数学活动经验的积累和数学思想的感悟;第二,以教师为主导,以学生为主体,设置梯度化问题,知识难度螺旋式上升,激发学生求知欲,变"要我学"为"我要学"。

本节课先从最少的3张牌翻2张不能成功开始,类推到5张牌翻2张也不能成功的结论,进而得出9张翻2张,以及任意奇数张牌翻2张都不能成功的结论,这是一种类比的数学思想。活动中采用实物——扑克牌,引导学生通过翻牌,尝试用身边的实际情境解决数学问题,激发学生参与课堂的热情和积极性。奇数张牌翻2张不能成功,引导学生联想奇数翻偶数、奇数翻奇数、偶数翻偶数的猜想和尝试,同时运用几何画板来辅助实验,将翻牌与数字变化结合在一起,得出实验结论,实现初中数学实验与信息技术的融合。

《翻牌游戏问题》数学实验报告单

姓名:张雨欣　　　班级:___14___　　　实验日期:2023.9.15

实验名称　翻牌游戏中的数学问题

一、实验目的

1.理解翻牌问题与乘法原理的关系,了解将实际问题抽象为数学问题的过程。

2.通过合作探究、操作实验,发展学生动手动脑、观察、分析、归纳的能力。

3.体会提出问题、解决问题的快乐,增强学生的合作交流意识和能力,培养学生学习数学的兴趣。

二、实验器材:纸牌、混合式媒体教学环境、几何画板。

三、实验过程和结果

序号	几翻几	实验过程(几次)	结果
1	5翻2	4次	不能
2	5翻3	3次	不能
3	6翻3	3次	能
4	6翻4	3次	能
5	6翻5	6次	能

四、实验总结与反思

用乘法来对结果进行验证,同时改变偶数个数据的符号,意味着每次操作都有两个相同的数据符号对应,那么整体符号由剩下的单个数据的符号决定,即负因数的个数影响乘积符号.

第五节 不等式及其基本性质

一、教材分析

本节课选自沪科版七年级数学下册第7章第1节的《不等式及其基本性质》,它是学生学习不等式知识的理论基础,对后续学习起到奠基作用。传统的教学方法是通过类比等式的性质,引导学生探究不等式的基本性质,在教学过程中学生动手操作的机会少,且信息技术手段用得不多。因此,学生观察与抽象思维的能力、归纳概括能力在探索过程中有待提升。

《义务教育数学课程标准(2022年版)》中指出,引导学生在真实情境中发现问题和提出问题,利用观察、猜测、实验、计算、推理、验证、数据分析、直观想象等方法分析问题和解决问题。利用数学专用软件等教学工具开展数学实验,能将抽象的数学知识直观化,促进学生对数学概念的理解和数学知识的建构。本节课的实验教学案例一方面,通过动手操作(天平演示实验)促使学生积极参与探索,自主发现不等式的基本性质,培养学生的观察和归纳的能力;在与他人的合作和交流中,能较好地理解他人的思考方法和结论,进一步体会团队合作的作用,培养学生集体协作的精神。另一方面,充分考虑信息技术如几何画板、希沃白板、微课等对教学方式和效果的影响,开发并提供丰富的学习资源,把信息技术作为学生学习数学和解决问题的有力工具,有效地改进教与学的方式,使学生乐意并全身心投入探索性的数学活动中去,激发学生学习数学的兴趣,提升学生解决问题的能力,培养"三会"的核心素养。

二、实验器材

天平(若干),几何画板,希沃白板。

三、实验创新点

(1)将传统的多媒体演示转化为学生动手操作,以此来探究不等式的基本性质,引导学生在真实情境中发现问题。

(2)适时结合画板软件演示数值的变换,帮助学生充分感受数值的动态变化过程,深化对不等式的基本性质的认识。

(3)恰当运用微课解说重难点,帮助学生梳理新知,加深对不等式的基本性质的理解。

(4)灵活运用希沃白板,激发学生参与课堂活动的积极性,让学生在轻松快乐的氛围中学习数学知识,让学生在愉快的数学活动中掌握数学知识并学会运用数学知识于生活实践中。

四、实验设计思路

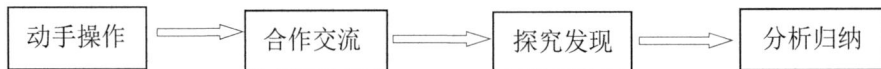

动手操作 ⟹ 合作交流 ⟹ 探究发现 ⟹ 分析归纳

五、实验教学目标

(1)通过实验操作,引导学生得出不等式的基本性质,培养学生解决问题的意识和应用能力。

(2)通过观察、猜想、验证、归纳等数学活动,经历从特殊到一般、从具体到抽象的认知过程,感受数学思考过程的条理性,发展数学思维能力和语言表达能力。

(3)通过探究不等式的基本性质的活动,培养学生合作交流的意识以及大胆猜想、乐于探究的良好思维品质。

六、实验教学过程

(一)创设情境,导入新课

请同学们观看跷跷板动画,动画中蕴含着什么样的数量关系?(如图3-5-1)

图3-5-1

【设计意图】通过跷跷板动画,揭示生活中存在的"相等"和"不相等"的两种数量关系,引导学生回忆旧知,架构单元学习框架,激发探究新知的欲望。

(二)温故知新,类比探究

我们解方程的依据是什么? 解不等式可能依据什么? 猜想不等式有哪些方面的性质?(如图3-5-2、图3-5-3)

【设计意图】课前布置学生归纳等式的基本性质,类比研究方程的思路来学习不等式的相关知识,引入今天的课题——不等式的基本性质。

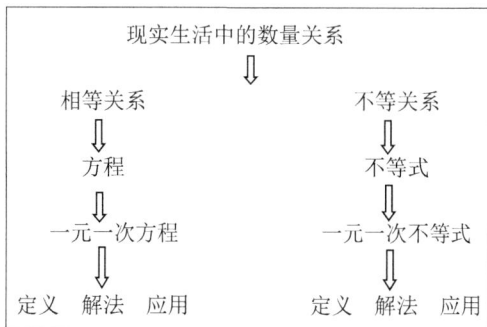

图3-5-2

> **等式的基本性质**
>
> 性质1：等式的两边同时加上（或减去）同一个数或者整式，所得结果仍是等式，即如果 $a=b$，那么 $a\pm c=b\pm c$。
>
> 性质2：等式的两边同时乘以（或除以）同一个数（除数不为0），所得结果仍是等式，即如果 $a=b$，那么 $ac=bc$，$\dfrac{a}{c}=\dfrac{b}{c}(c\neq 0)$。
>
> 性质3：如果 $a=b$，那么 $b=a$。（对称性）
>
> 性质4：如果 $a=b$，$b=c$，那么 $a=c$。（传递性）

图3-5-3

(三)设计实验,验证猜想

活动1：观察天平，发现规律。

问题1：利用若干个100克、50克、20克、10克、5克的砝码做实验（天平已校零），试通过实验验证猜想：不等式的两边都加上（或减去）同一个数，不等号的方向不变。（如图3-5-4）

图3-5-4

实验步骤：

(1)4人一组,先选择两种不同规格的砝码放置于托盘进行操作,并请一位同学上讲台演示；

(2)在第(1)步的基础上每次添加相同规格的砝码,并记录结果(如下表);

(3)比较各组所得结果,并汇总分析,谈谈你的发现。

	左侧托盘	关系	右侧托盘
第一次	10	<	20
第二次	$10+a$	<	$20+a$
第三次	$10+a-a$	<	$20+a-a$
第四次	$10+a+a$	<	$20+a+a$
第五次	$10-a-a$	<	$20-a-a$

归纳:不等式的基本性质1:不等式的两边都加上(或减去)同一个数或同一个整式,不等号的方向不变,即如果$a > b$,那么$a \pm c > b \pm c$。几何画板验证(如图3-5-5)。

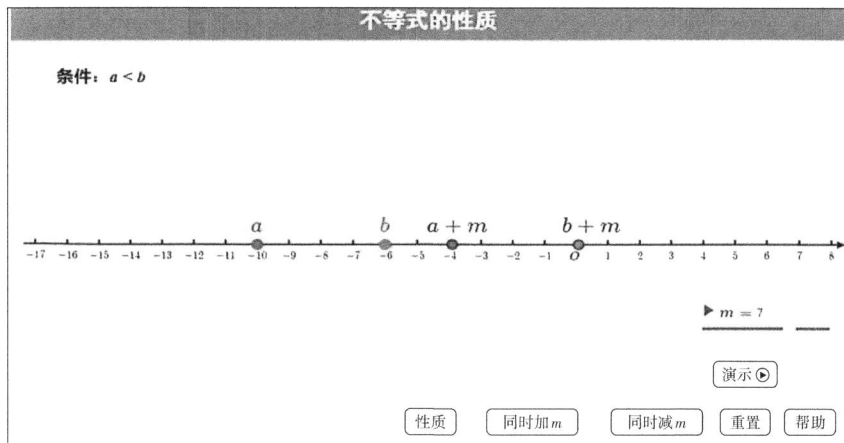

图3-5-5

活动2:利用天平,深度探究。

问题2:利用若干个100克、50克、20克、10克、5克的砝码做实验(天平已校零),通过实验验证猜想:不等式的两边都乘以(或除以)同一个正数,不等号的方向不变。(如图3-5-6)

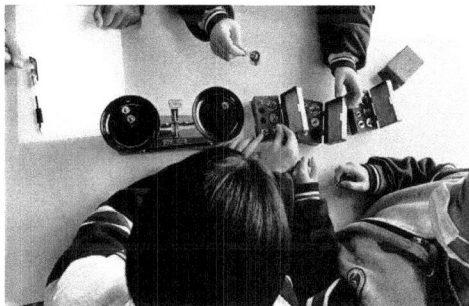

图3-5-6

实验步骤:

(1)4人一组,先选择10克和20克两种不同规格砝码放置于托盘进行操作,并请一位同学上讲台演示;

(2)在第1步的基础上左盘每次添加规格为10克的砝码,右盘每次添加规格为20克的砝码,并记录结果(如下表);

	左侧托盘	关系	右侧托盘
第一次	10	<	20

	左侧托盘	关系	右侧托盘
第二次	$10 + 10 = 2 \times 10$	<	$20 + 20 = 2 \times 20$
第三次	$10 + 10 + 10 = 3 \times 10$	<	$20 + 20 + 20 = 3 \times 20$
第四次	$a + a + a + a = 4a$	<	$b + b + b + b = 4b$
第五次	$a + a = 2a$	<	$b + b = 2b$

（3）比较各组所得结果,并汇总分析,谈谈你的发现。

归纳:

不等式的基本性质2:不等式的两边都乘以(或除以)同一个正数,不等号的方向不变,即如果$a > b$,$c > 0$,那么$ac > bc$,$\dfrac{a}{c} > \dfrac{b}{c}$。

活动3:数形结合,再探性质。

问题3:微课演示课本探究(如图3-5-7),如果$a > b$,那么它们的相反数$-a$与$-b$哪个大? 你能用数轴上点的位置关系和具体的例子加以说明吗?

师:如图,请同学们依据相反数的意义,在图中标出a,b的相反数$-a$和$-b$,再依据实数的大小比较法则,判断$-a$与$-b$的大小关系。

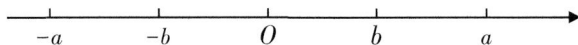

图3-5-7

生:在上图中标出$-a$,$-b$,发现$-a < -b$。

师:请同学们再举几个具体的例子加以验证。

生:如果$5 > 3$,那么$-5 < -3$。

师:如果$a > b$,那么$-a < -b$,这个式子可理解为:$a \times (-1) < b \times (-1)$。

师:对于不等式$a > b$,两边同乘以-3,会得到什么结果呢?

我们来进行逐步分析:(如图3-5-8)

图3-5-8

因此,对于不等式$a > b$,那么$a \times (-3) < b \times (-3)$。

师:如果$a < b$,$c < 0$,那么ac与bc有怎样的大小关系?

生:$ac > bc$。

归纳：

不等式的基本性质3：不等式的两边都乘以（或除以）同一个负数，不等号的方向改变，即如果 $a < b, c < 0$，那么 $ac > bc, \dfrac{a}{c} > \dfrac{b}{c}$。

通过天平实验自然顺畅地完成了"不等式基本性质1、2"的知识生成和学习过程。当然，"不等式的基本性质3"的生成过程就很难通过实物实验操作来直观呈现了，而信息化教学手段正好大显身手，予以补充。（如图3-5-9）

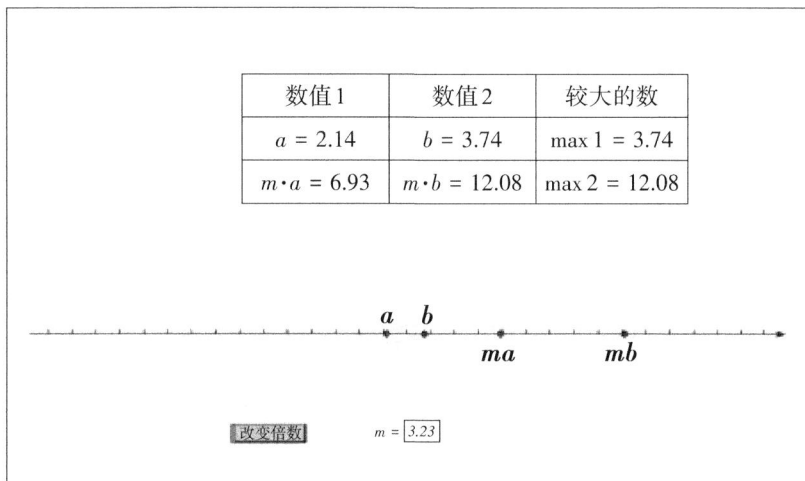

数值1	数值2	较大的数
$a = 2.14$	$b = 3.74$	max 1 = 3.74
$m \cdot a = 6.93$	$m \cdot b = 12.08$	max 2 = 12.08

图3-5-9

活动4：再度类比，得出性质。

问题4：利用若干个100克、50克、20克、10克、5克的砝码做实验（天平已校零），试通过以下实验验证猜想。（如图3-5-10）

如果 $a > b$，那么 $b < a$；如果 $a > b, b > c$，那么 $a > c$。

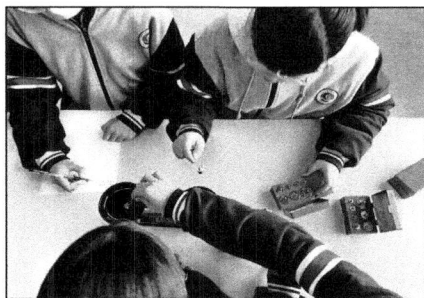

图3-5-10

实验步骤：

（1）4人一组，先选择两种不同规格砝码放置于托盘进行操作，并请一位同学上讲台演示；

（2）在第（1）步的基础上对调砝码，并记录结果；

（3）比较各组所得结果，并汇总分析，谈谈你的发现。

归纳：

不等式的基本性质4：如果$a > b$，那么$b < a$。（对称性）

不等式的基本性质5：如果$a > b$，$b > c$，那么$a > c$。（传递性）

【设计意图】从学生的已有经验出发，让学生动手操作，尝试探究，引发猜想，验证猜想。通过不完全归纳法总结出不等式的基本性质，培养学生用符号语言进行表达的能力，提高思维的严密性和数学语言的表达能力。

（四）应用新知，形成能力

利用希沃白板制作知识游戏抢答题，应用数学活动巩固结论，调动课堂学习气氛，激发学生学习兴趣（如图3-5-11）。

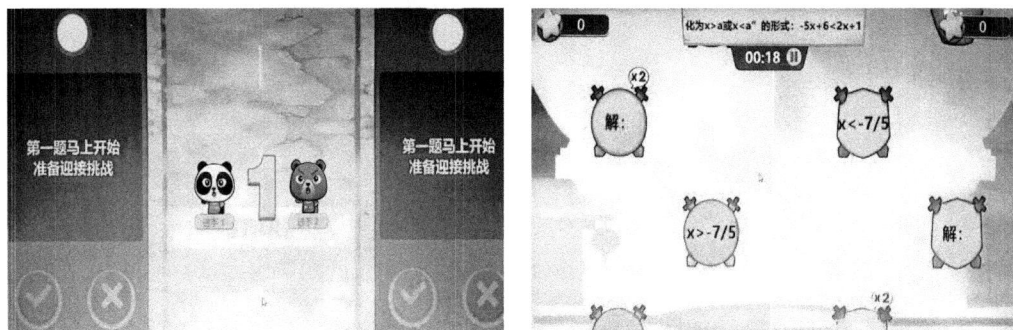

图3-5-11

（五）实验小结，课后拓展

（1）回顾4个活动的操作步骤，实验结果与结论是什么？

（2）回顾本节课的探究过程，我们是如何研究问题的？

（3）交流汇报实验过程中的心得体会。

（4）请将今天的实验过程、实验结论和实验感受写成一篇数学小论文，与同伴交流。

七、实验教学反思

在本次教学过程中,注重对学生思维品质的培养和基本技能的提升,帮助学生学会学习;注重教学过程的自然过渡,以及学生认知的螺旋提升,激发学生的学习兴趣。笔者始终关注学生是否积极主动参与实验,是否细心分析得出结论,同时注重评价在教学过程中的应用,从教师评价到自我评价、学生评价,乃至多元化评价,尊重学生的个体差异性,让学生认清自我、树立信心。实验过程简单易懂,学生参与度高,合理运用信息技术,使得实验结果直观简明。遗憾之处在于,实验教学过程借助信息技术手段的优势还有待提高。

《不等式及其基本性质》数学实验报告单

实验名称	不等式及其基本性质
实验目的	1.通过实验操作,引导学生得出不等式的基本性质,培养学生解决问题的意识和应用能力; 2.通过观察、猜想、验证、归纳等数学活动,经历从特殊到一般、由具体到抽象的认知过程,感受数学思考过程的条理性,发展思维能力和语言表达能力; 3.通过探究不等式基本性质的活动,培养学生合作交流的意识和大胆猜想、乐于探究的良好思维品质
实验要求	学生分小组合作并自主探究,利用几何画板软件进行动态操作,归纳结论
实验工具	天平(若干),几何画板,希沃白板
小组名单	计雨晨,张雨欣,胡晶晶,郑欣悦
实验一	问题1:(1)4人一组,先选择两种不同规格砝码放置于托盘进行操作,并请一位同学上来演示;(2)在第(1)步的基础上每次添加相同规格的砝码,并记录结果;(3)比较各组所得结果,并汇总分析,谈谈你的发现。

	左侧托盘	关系	右侧托盘
第一次	10	$<$	20
第二次	$10 + a$	$<$	$20 + a$
第三次	$10 + a - a$	$<$	$20 + a - a$
第四次	$10 + a + a$	$<$	$20 + a + a$
第五次	$10 - a - a$	$<$	$20 - a - a$

结论:不等式的两边都加上(或减去)同一个数或同一个整式,不等号的方向不变,即如果$a > b$,那么$a \pm c > b \pm c$

实验名称	不等式及其基本性质

| 实验二 | 问题2:(1)4人一组,先选择10克和20克两种不同规格砝码放置于托盘进行操作,并请一位同学上来演示;(2)然后,在第(1)步的基础左盘每次添加规格为10克的砝码,右盘每次添加规格为20克的砝码并记录结果;(3)比较各组所得结果,并汇总分析,谈谈你的发现. |

	左侧托盘	关系	右侧托盘
第一次	10	<	20
第二次	$10 + 10 = 2 \times 10$	<	$20 + 20 = 2 \times 20$
第三次	$10 + 10 + 10 = 3 \times 10$	<	$20 + 20 + 20 = 3 \times 20$
第四次	$a + a + a + a = 4a$	<	$b + b + b + b = 4b$
第五次	$a + a = 2a$	<	$b + b = 2b$

结论:不等式的两边都乘以(或除以)同一正数,不等号的方向不变,即如果 $a > b, c > 0$,那么 $ac > bc, \dfrac{a}{c} > \dfrac{b}{c}$

实验三	几何画板验证所得结论: 不等式的两边都乘以(或除以)同一个负数,不等号的方向改变,即如果 $a > b$, $c < 0$,那么 $ac < bc, \dfrac{a}{c} < \dfrac{b}{c}$

第六节 测量旗杆高度

一、教材分析

本节课选择了沪科版九年级下册数学第22.5节综合与实践《测量与误差》这一内容。教材主要引导学生利用相似三角形的相关知识,设计测量旗杆高度的方案。本节课是在学生已经掌握了比例、相似三角形的性质和判定等知识的基础上,通过测量旗杆的高度这一实践活动,引导学生运用相似三角形的知识解决实际问题,也为学习《解直角三角形》打好基础。在实验过程中应重点培养学生的实践动手能力与合作探究能力。

二、实验器材

卷尺,标杆,镜子,三角板,激光笔,几何画板软件。

三、实验创新点

本次实验教学不设测量方案,实验完全由学生自主设计,有效培养学生创造和创新思想,提升学生解决问题的能力。学生自主设计测量方案,在测量过程中分组交流并归纳知识,落实核心素养"三会"能力的培养。

四、实验设计思路

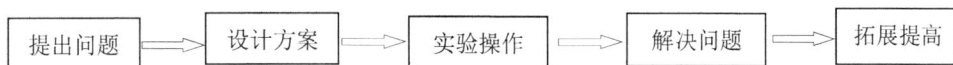

提出问题 ⟹ 设计方案 ⟹ 实验操作 ⟹ 解决问题 ⟹ 拓展提高

五、实验教学目标

(1)测量旗杆的高度,让学生综合运用相似三角形的性质和判定解决生活中的实际问题,发展学生的数学应用意识。

(2)以小组为单位进行方案设计、实践操作、方案优化等团队活动,使学生在学习的同时,体会与他人合作的重要性。

(3)让学生感受数学源于生活、用于生活,研究"真实的"数学,从而提高学习兴趣,激发学习热情。

六、实验教学过程

1.提出问题

在学校的操场上,有一根不锈钢旗杆,在既不攀爬到旗杆顶上,又不破坏旗杆的情况下,如何测量旗杆的高度。

让学生在满足要求的前提下测量旗杆的高度,可利用哪些已学知识求高度? 通过小组讨论,学生们总结出以下几种方法:

(1)直接测量(测量高度较低)。

(2)勾股定理(斜边更长,不便于测量)。

(3)构造全等三角形(实际情境中难以构造准确的全等三角形,测量次数多,误差大)。

(4)利用相似三角形。

2.讨论改进

通过小组之间进一步讨论实验的可行性,学生不难发现前三种方法的测量长度过长,不便于操作。而第四种方法可以利用相似三角形有效地进行高度的放缩,提高了测量的可行性,便于操作。因此,学生决定利用相似三角形的相关知识,设计如下方案:

方案一:利用影长测量旗杆的高度。学生根据同一时间、同一地点物体的长度和影长的比值相等,设计该方案。(如图3-6-1)

然而这一方法受天气的影响,如果遇到阴雨天气没有影长,便无法测量。

方案二:利用标杆测量旗杆的高度。该方案的关键是让学生的眼睛、长杆的顶端、旗杆的顶端三点共线,从而构造相似三角形,求出旗杆的高度。(如图3-6-2)

　　这一方案构图较为复杂,计算量较大,于是学生继续思考,结合物理中平面镜成像、光的反射等知识,设计出更为简便的方案。

　　方案三:利用镜子测量旗杆的高度。这一方案的关键是,学生适当调整距离,保证在镜子中刚好观察到旗杆的顶端。(如图3-6-3)

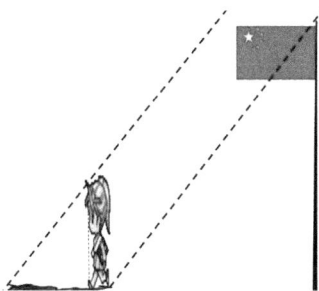

图3-6-1

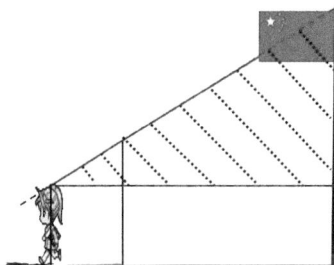

图3-6-2

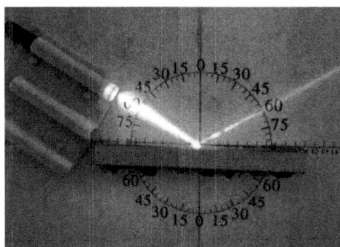

图3-6-3

图3-6-4

经过操作,学生发现以上三种方案均是通过测量长度,利用比例求出旗杆的高度,那么能否利用特殊的角度求出旗杆高度呢?

方案四:利用三角板测量旗杆的高度。利用三角板的60°角构造含60°的直角三角形,通过比例求解。(如图3-6-4)

根据以上四种方案,学生设计了数学实验报告单,分成四组进行实际的测量操作。然而根据实验报告单计算的结果,部分结果误差较大,有的答案甚至比旗杆准确的高度12米多出了0.9米。(如图3-6-5)

提出问题:产生误差的原因有哪些?应该如何改进?

数学实验报告单

| 班级: | | | | | | | | | 姓名: | |

测量次序	方法一		方法二			方法三			方法四	
	BM	DN	NM	ME	EF	BC	CF	EF	ME	EF
1										
2										
3										
平均值										
计算结果										
图示										

图3-6-5

3.反思改进

通过思考和交流,学生们总结出以下四个可能的主要原因:(1)卷尺没到底;(2)尺杆没对齐;(3)长杆没直立;(4)三角板倾斜。

针对以上四个原因,师生共同进行细节的优化。前两个原因均由测量不规范导致,通过演示,规范学生的操作;后两个原因学生通过思考交流,在细节上不断优化方案。

改进1:坐位体前屈的仪器上有精准的刻度,于是经过巧妙的改造,制作了如图所示的测量工具。利用构造A型相似,较为精准地完成了测量。(如图3-6-6)

图3-6-6

改进2：利用激光笔，提高三点共线的准确性（如图3-6-7）。通过不断地改进，学生进行了第2次实验，测得的实验数据误差明显减小，计算后的结果均接近12米。

图3-6-7

改进3：从科技馆得到灵感，自制了有精准刻度的设备，于是经过巧妙的改造，制作了如图所示的测量工具，较为精准地完成了测量。（如图3-6-8）

图3-6-8

七、实验教学反思

本实验通过测量旗杆的高度,将相似三角形这一知识与实际生活紧密联系在一起,在实验过程中,通过测量方案的不断改进、测量工具的进一步优选优化,最终减少误差,得到了较为精确的实验结果。

本课打破数学实验的地域限制,充分放开学生手脚,让学生大胆进行展示交流,开展研究性的学习活动。学生通过主动参与、发现、探究、解决问题,从中产生成就感,有效地激发了学生的学习热情。整个教学活动从学生的认知水平出发,引导学生通过探索、交流等手段,获得知识,形成技能,发展思维。在教学活动过程中,教师充当教学活动的组织者、引导者、合作者,让学生产生一种渴望学习的冲动,全身心地投入学习过程,进行自主学习、自悟学习、自得学习,让学生在实践活动中真正"动"起来,使学生的个性在课堂中得到张扬、能力得到发展。

第七节　用样本估计总体

——估算瓶中的豆子数

一、教材分析

学生通过对沪科版七年级上册数学第5章《数据的收集与整理》的学习,对样本、总体有了一定的了解,学习了收集和整理数据的一些基本方法,但是对于为什么可以用样本去估计总体的数字特征不一定深刻理解。本节课通过设计实验"估算瓶中的豆子数",帮助学生更好地理解和感受抽样调查的思想。

二、实验器材

记录表,容积为1.5升的透明玻璃瓶,豆子,100毫升瓷杯,染色剂,记号笔,勺子。

三、实验教学目标

(1)通过实验让学生进一步体会样本估计总体的思想。

(2)通过动手实验培养学生发现问题、提出问题、分析问题和解决问题的能力。

(3)通过小组合作交流,培养学生团队协作的能力,激发学生研究数学的兴趣。

四、教学重难点

在实验结果的数据误差较大时,如何改变实验条件和方法,提高实验的精度。

五、实验教学过程

(一)复习回顾

什么是全面调查(普查)和抽样调查,它们分别适用于解决什么问题?

(二)提出问题

瓶中有多少粒豆子? 在每个小组的桌上,有一个透明的玻璃瓶,瓶中装有一些豆子。你能估计出这个瓶子中的豆子数目吗?(如图3-7-1)

图3-7-1

学生活动:结合班级学情,将学生适当地分为8个组(6人一组),学生独立思考,小组交流确定实验方案。

(三)设计实验

方案一:全面调查。团队合作,将豆子分成6份,每个人分别数一数每份的豆子数,然后加起来即为瓶中的豆子数(如图3-7-2),实验记录如图3-7-3。

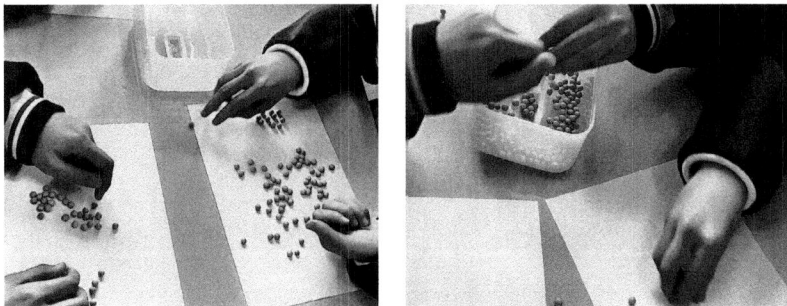

图3-7-2

实验记录表一（全面普查）

组员	杨佳琪、司淼宇、张子瑞、葛天佑、胡耀文					组别	3
组员代码	1	2	3	4	5	6	合计
豆子数量	131	166	201	164	199	227	1088

图 3-7-3

追问：当瓶中豆子数不是很多时，全面调查（普查）能够完成。当豆子数量特别多，这种方法可行吗？有没有更好的方法呢！

方案二：抽样调查。先将豆子"等分"成若干份，把每份豆子看作一个样本，随机抽查一份，数出一份豆子的数量，再乘以份数，以此来估计总量。

小组 1：手抓目测分组。（如图 3-7-4）

小组 2：同一容器分组。（如图 3-7-5）

实验记录如图 3-7-6、图 3-7-7。

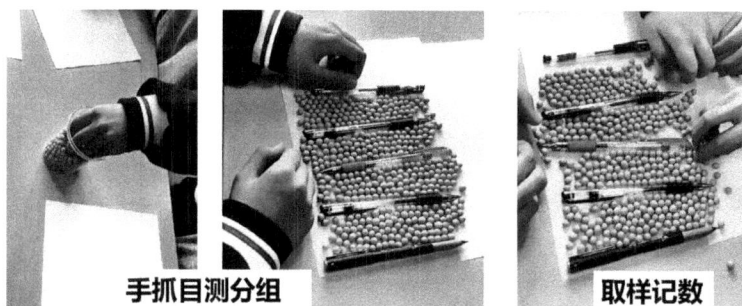

图 3-7-4

图 3-7-5

实验记录表二

小组成员	杨佳琪、司渺宇、张子瑞、葛天佑、胡耀文	组别	3
实验内容	估计瓶中豆子的数目		
实验步骤: （1）把瓶子中的豆子均分 m（$m=8$）份; （2）随机抽取一份数一数，记录数据为 n（$n=165$）; （3）利用得到的数据 m，n，估计瓶中豆子的粒数 q: $q = m \times n = 1320$ 粒			
结论	该瓶中有豆子约1320粒		
备注	样本量不足，不具有代表性		

图 3-7-6

实验记录表三

小组成员	杨佳琪、司渺宇、张子瑞、葛天佑、胡耀文	组别	3
实验内容	估计瓶中豆子的数目		
实验步骤: （1）把瓶子中的豆子均分 m（$m=12$）份; （2）随机抽取一份数一数，记录数据为 n（$n=90$）; （3）利用得到的数据 m，n，估计瓶中豆子的粒数 q: $q = m \times n = 1080$ 粒			
结论	该瓶中有豆子约1080粒		
备注	增大份数，同一容器分担，误差较小		

图 3-7-7

追问：因为豆子不是绝对的球体，大小也不一样，即使用同一容器量取，也不能做到完全"等分"。另外，当豆子数量很大时，也不方便操作。结合所学知识，能否设计其他的抽样调查方法？

方案三:抽样调查——标记法(如图3-7-8)。实验步骤如下:

(1)从瓶子中取出一些豆子,记录这些豆子的粒数m;

(2)给m个豆子标上记号(染色);

(3)把这些豆子放回瓶中,充分摇匀;

(4)从瓶子中再取出一些豆子,记录这些豆子的粒数p和其中染色的豆子的粒数n;

(5)利用得到的数据m,p,n,估计瓶子中豆子的粒数$q,q \approx \dfrac{p}{n}m$。

实验记录如图3-7-9、图3-7-10。

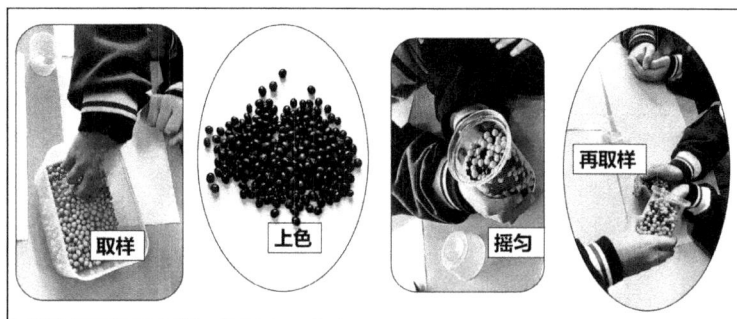

图3-7-8

实验记录表四

小组成员	郭子怡、赵文杰、卢子轩、牛语淇、宋思琪	组别	3
实验内容	估计瓶中豆子的数目		

实验步骤:
(1) 从瓶子中取出一些豆子, 记录这些豆子的粒数m($m = 75$)份;
(2) 给这些豆子做上记号;
(3) 把这些豆子放回瓶子中, 充分摇匀;
(4) 从瓶子中再取出一些豆子, 记录这些豆子的粒数p($p = 90$)和其中带有记号的豆子的粒数n($n = 5$);
(5) 利用得到的数据m, n, p, 估计瓶中豆子的粒数q:

$$q = m \times \frac{p}{n} = 1350 \text{粒}$$

结论	该瓶中有豆子约1350粒
备注	没有将豆子摇匀, 可能是误差大的原因

图3-7-9

实验记录表五

小组成员	郭子怡、赵文杰、卢子轩、牛语淇、宋思琪	组别	3
实验内容	估计瓶中豆子的数目		
实验步骤： （1）从瓶子中取出一些豆子，记录这些豆子的粒数 m（ $m = 122$ ）份； （2）给这些豆子做上记号； （3）把这些豆子放回瓶子中，充分摇匀； （4）从瓶子中再取出一些豆子，记录这些豆子的粒数 p（ $p = 135$ ）和其中带有记号的豆子的粒数 n（ $n = 15$ ）； （5）利用得到的数据 m，n，p，估计瓶中豆子的粒数 q： $$q = m \times \frac{p}{n} = 1098 \text{粒}$$			
结论	该瓶中有豆子约1098粒		
备注	样本容量较大，搅拌均匀，误差变小		

图3-7-10

教师总结：方案三的第一个样本是随机样本，可以计算出"染色"样本容量 m 与总体 q 的比值。当充分摇匀后，利用样本二中"染色"的豆子数 n 在样本二 p 中的比值去估计所有"染色"豆子在总体中的比值，即 $\frac{n}{p} \approx \frac{m}{q}$，这样就可以估计瓶中豆子的粒数 q。

追问：影响方案三精确度的主要因素是什么？

师生共同分析总结：一是取样的样本容量，二是"染色"的豆子放回瓶中时，豆子是否能充分摇匀。下面用计算机模拟样本容量大小和"摇匀度"对实验精度的影响。

实验步骤：

（1）用软件模拟建设一个容器；

（2）初始化一个容器里面有总数量 A 个豆子，并在容器里面标记了 M 个豆子；

（3）选择1000粒豆子，把其中50粒豆子做标记，点击并保存设置；（如图3-7-11）

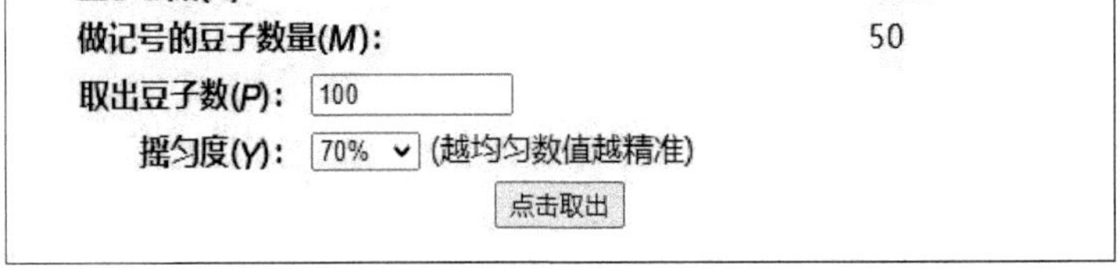

图3-7-11

（4）然后每次随机抽取一定的豆子数量P，并统计取出豆子中"染色"的数量N；

（5）更改样本容量的大小和"摇匀度"的比例，绘制"染色"豆子数量折线图，让学生观察折线图，体会随着样本容量的变大和"摇匀度"的比例的升高，"染色"豆子数量趋近于某个常数。

测试数据：样本容量100，摇匀度70%，测试30组数据，如图3-7-12。

实验数据	清空数据		
ID	取出豆子(P)	有标记的豆子(N)	摇匀度(Y)
30	100	6	70%
29	100	7	70%
28	100	6	70%
27	100	7	70%
26	100	4	70%
25	100	5	70%
24	100	3	70%
23	100	6	70%
22	100	3	70%
21	100	7	70%
20	100	5	70%
19	100	4	70%
18	100	7	70%
17	100	6	70%
16	100	6	70%
15	100	3	70%
14	100	7	70%
13	100	4	70%
12	100	7	70%
11	100	7	70%
10	100	5	70%
9	100	4	70%
8	100	6	70%
7	100	6	70%
6	100	6	70%
5	100	4	70%
4	100	7	70%
3	100	3	70%
2	100	3	70%
1	100	5	70%

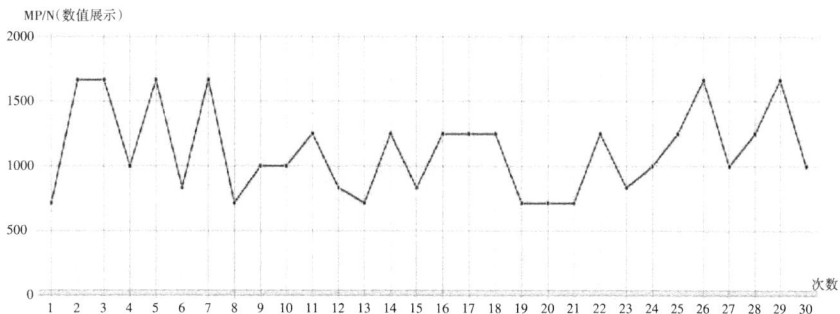

图3-7-12

测试数据：样本容量200，摇匀度70%，测试30组数据，如图3-7-13。

参数初始化 重新初始化

豆子总数(A)：	1000
做记号的豆子数量(M)：	50
取出豆子数(P)：	200
摇匀度(Y)：	70% ▼ (越均匀数值越精准)

点击取出

实验数据 清空数据

ID	取出豆子(P)	有标记的豆子(N)	摇匀度(Y)
30	200	13	70%
29	200	10	70%
28	200	10	70%
27	200	11	70%
26	200	11	70%
25	200	8	70%
24	200	11	70%
23	200	9	70%
22	200	9	70%
21	200	12	70%
20	200	12	70%
19	200	8	70%
18	200	12	70%
17	200	8	70%
16	200	9	70%
15	200	8	70%
14	200	8	70%
13	200	7	70%
12	200	8	70%
11	200	7	70%
10	200	10	70%
9	200	8	70%
8	200	10	70%
7	200	7	70%
6	200	10	70%
5	200	13	70%
4	200	10	70%
3	200	13	70%
2	200	8	70%
1	200	11	70%

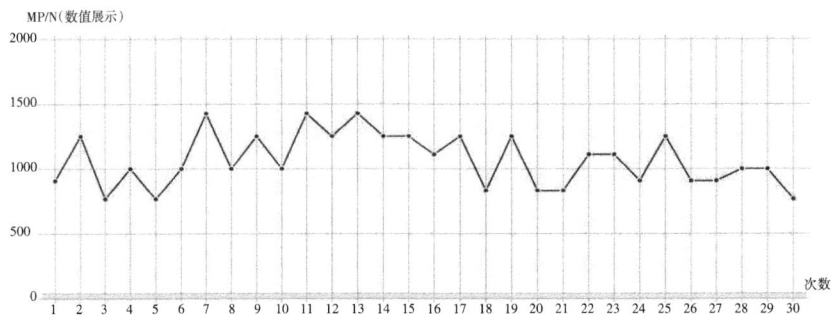

图3-7-13

测试数据：样本容量200，摇匀度90%，测试30组数据，如图3-7-14。

参数初始化 重新初始化

豆子总数(A)：	1000
做记号的豆子数量(M)：	50
取出豆子数(P)：200	
摇匀度(Y)：90% ∨ (越均匀数值越精准)	

点击取出

实验数据 清空数据

ID	取出豆子(P)	有标记的豆子(N)	摇匀度(Y)
30	200	11	90%
29	200	10	90%
28	200	9	90%
27	200	10	90%
26	200	9	90%
25	200	9	90%
24	200	9	90%
23	200	9	90%
22	200	9	90%
21	200	10	90%
20	200	9	90%
19	200	10	90%
18	200	10	90%
17	200	9	90%
16	200	11	90%
15	200	11	90%
14	200	11	90%
13	200	10	90%
12	200	9	90%
11	200	10	90%
10	200	10	90%
9	200	10	90%
8	200	9	90%
7	200	10	90%
6	200	9	90%
5	200	11	90%
4	200	10	90%
3	200	10	90%
2	200	10	90%
1	200	11	90%

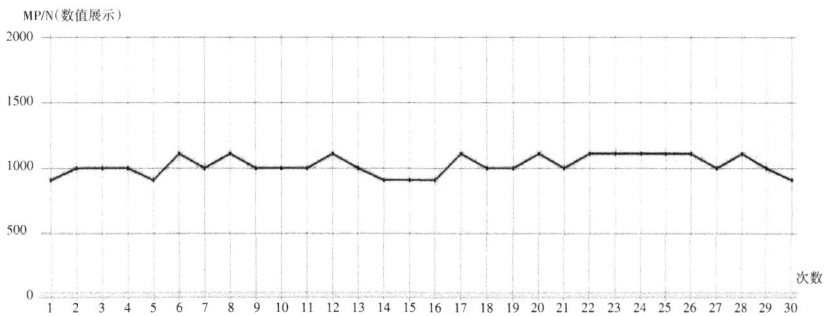

MP/N(数值展示)

图3-7-14

六、实验效果评价

（1）学生亲历两种调查实验，了解全面调查和抽样调查的优劣。实验器材简单，简便易实施，学生参与度很高，教学效果显著。

（2）进一步体会用样本估计总体的思想。教学中通过改变实验的条件和方法，提高实验数据的精度，突破了本节课的难点，挖掘了实验操作中的实用价值，发展了学生的"三会"素养。

（3）借助计算机模拟试验，增加试验次数，弥补传统教学手段的不足，提升了学生的信息技术素养，培养了学生的数据观念和概率统计的初步意识。

七、巩固提升

为了估计池塘里有多少条鱼？从池塘里捕捞了1000条鱼做上标记，然后放回池塘里，经过一段时间，等有标记的鱼完全和鱼群混合后，再捕捞200条。若其中有标记的鱼有10条，则你能估计出池塘里有多少条鱼吗？

第八节　设计最佳方案测量物体的高度

一、教材分析

本节是沪科版九年级数学上册第22章第5节《测量与误差》，要求学生在学习了相似三角形、解锐角直角三角形相关知识的基础上，结合物理、工程学科等相关内容进一步学习和探究测量问题。课标要求会利用图形的相似解决一些简单的实际问题（如测量物体的高），能用锐角三角函数解直角三角形，能用相关知识解决一些简单的实际问题。

数学实验必须通过学生动手操作、观察分析、独立思考、小组交流等活动,得到解决问题策略。本次实验设计立足教材,是运用所学知识解决实际生活问题的一次探索,有利于激发学生学习的兴趣,培养团队合作意识,提升学生的实践能力和创新精神,培养学生会用数学的眼光观察问题,会用数学的语言表达问题,会用数学的思维思考问题,有效落实学科核心素养的培养。

二、实验器材

自制测角仪,卷尺,平面镜,标杆,混合式媒体教学环境、几何画板软件,钉钉软件。

三、实验创新点

(1)创新点:本次实验教学不定测量对象、不设测量方案,实验完全由学生自主设计,有效培养学生的创新和创造思维,提升学生解决问题的能力。

(2)文化熏陶:实验活动能有效进行文化渗透,培养学生正确的价值观,深化立德树人思想。

(3)素养培养:学生自主设计测量方案,讲解测量过程,交流归纳方法,有效提升学科核心素养。

四、实验设计思路

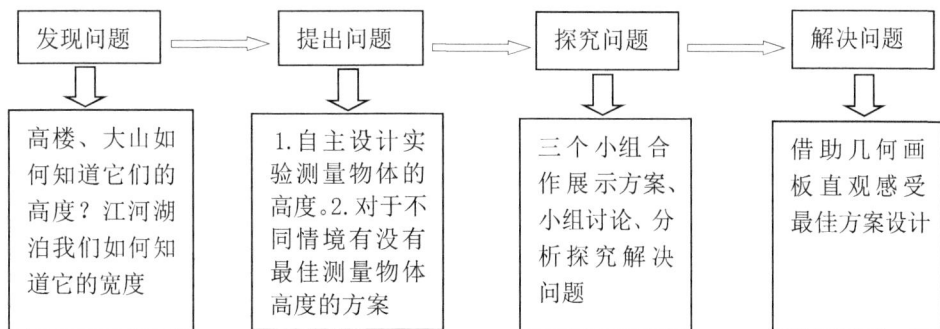

发现问题	→	提出问题	→	探究问题	→	解决问题
↓		↓		↓		↓
高楼、大山如何知道它们的高度?江河湖泊我们如何知道它的宽度		1.自主设计实验测量物体的高度。2.对于不同情境有没有最佳测量物体高度的方案		三个小组合作展示方案、小组讨论、分析探究解决问题		借助几何画板直观感受最佳方案设计

五、实验教学目标

（1）进一步巩固理解相似三角形、解锐角直角三角形等相关知识；能够运用相似三角形、解锐角直角三角形等相关知识解决不能直接测量的物体的高（如测量金字塔高度问题、测量河宽问题）等一些实际问题。

（2）经历观察、动手操作、思考交流、运用信息技术手段验证等数学实验活动，把实际问题转化成有关的相似三角形、解锐角直角三角形等数学模型，进一步体会数学建模的思想，培养学生分析问题、解决问题的能力。

（3）体会数学实验过程与信息技术的交流展示过程，发展学生的信息技术素养和创新精神，培养学生的应用意识、创新意识。

（4）通过小组合作、交流探究，体会数学在生活中的作用，增强学生学习数学的兴趣，培养学生团队合作交流的意识和大胆猜想、乐于探索的品质，树立学生学好数学的信心。

六、教学重难点

运用所学知识选择合适的方法测量不能直接测量的物体的高度，并形成测量模型是本节课的重点，如何运用所学知识把实际问题抽象为数学问题是本节课的难点。

七、实验教学过程

（一）课前准备

（1）教师利用钉钉（平台）发布预习任务单，学生利用手中的信息工具查阅预习任务单，完成资料收集、目标（测量物）的选择、队员组建任务，设计最佳测量方案，完成提交学习任务单并申请直播展示任务，教师查阅学生学习任务单安排小组实地测量并展示直播。

（2）利用钉钉直播构建网络云课堂。

（二）教学实施

1.创设情境

世界是多姿多彩的,老师出去玩拍了一些照片,你认识图中的建筑物吗? 你知道它们的高度是多少吗? 怎么做才能测出它们的高度?

【设计意图】展示中国的代表性建筑物,设计问题组,让学生感受物体的高度并发现问题——对生活中的一些物体如何测出它们的高度。

你认识图中的工具吗? 图中的人在干什么? 如何测量物体的高度? 你有合适的测量方法吗?(如图3-8-1)

图3-8-1

展示工程学的测量工具及测量图片,设置问题组,引入测量主题,用图片直观展示、以问题串的形式创设情境,引发学生的思考,使学生产生探究的欲望,激发学生的学习兴趣。

2.实地测量

三个小组分别展示探究活动(如数学实验报告单1,2,3),步骤如下:

(1)小组代表讲解该组测量物及测量方案、原理;

(2)小组展示测量过程,分享实际测量图片;

(3)班级同学交流总结,学生代表讲解学习心得体会。

《设计最佳方案测量物体的高度》数学实验报告单1

实验名称	测量(天地间雕塑)高度
实验目的	灵活运用相似三角形、解锐角直角三角形等相关知识解决物体高度的测量等实际问题,并抽象刻画出测量工具的原理
实验要求	根据方案原理准确测量物体高度并进行误差分析
实验工具	卷尺,平面镜,纸笔
小组名单	黄浩然、李凌薇、温智宸、李继诚

实验步骤

方案设计

图：

$$\because \triangle ABC \cong \triangle EDC$$

$$\frac{AB}{BC} = \frac{DE}{CD}$$

$$\therefore AB = \frac{BC \cdot DE}{CD}$$

文:测量侧BC,CD及DE高度,其中DE为人眼到地面的高度,C点为平面镜摆放处,BC长度为正门底端到平面镜的距离,CD长度为人脚到平面镜的距离,代入公式计算,AB即为所求高。

数据处理:

项目	第一次	第二次	第三次	第四次
DE	142 m	1.48 m	1.50 m	1.62 m
CD	1.07 m	1.11 m	1.13 m	1.20 m
BC	5.36 m	5.14 m	5.25 m	5.22 m
高度	7.11 m	6.85 m	6.97 m	7.05 m

实验不足及反思	测量过程中地面不太平整,测量数据估算导致误差,眼睛看平面镜时脖子有小幅度弯曲

【设计意图】通过到瑶海和平广场游玩,引导学生爱护环境,探究底部不可到达物体高度的测量,灵活运用解锐角直角三角形知识测量物体的高度。

《设计最佳方案测量物体的高度》数学实验报告单2

实验名称	测量(　肥东好人主题公园正门　)高度
实验目的	灵活运用相似三角形、解直角三角形等相关知识解决物体高度的测量等实际问题,并抽象刻画出测量工具的原理
实验要求	依次测量取平均值
实验工具	卷尺,测角仪
小组名单	王奥、刘天阳、林屺轩、孙雨晨
实验步骤	方案设计 图: 文: $\because \tan\angle 1 = \dfrac{AE}{EF} \qquad \tan\angle 2 = \dfrac{AE}{EH}$ $CD = FH = EH - EF = \dfrac{\tan\angle 1 - \tan\angle 2}{\tan\angle 1 \cdot \tan\angle 2} \cdot AE$ $\therefore AB = \dfrac{\tan\angle 1 + \tan\angle 2}{\tan\angle 1 - \tan\angle 2} \cdot CD + BE$ 数据处理: 表见下
实验不足及反思	本方案对测量底部不可到达物体的高度比较好。测角仪一定要垂直地面

数据处理表:

项目	第一次	第二次	第三次	第四次
∠1	21°	28°	36°	
∠2	17°	22°	29°	
DH	15 m	7 m	5 m	
高度	11.4 m	12.3 m	12.1 m	

【设计意图】引导学生在道德模范主题公园学习道德模范,培养学生正确的价值观,探究底部可到达物体高度的测量,运用光的平面反射原理抽象相似三角形测量物体的高度。

《设计最佳方案测量物体的高度》数学实验报告单3

实验名称	测量（ 巨星羽毛球 ）高度
实验目的	灵活运用相似三角形、解锐角直角三角形等相关知识解决物体高度的测量等实际问题,并抽象刻画出测量工具的原理
实验要求	1.有阳光; 2.多次测量取平均值; 3.底部可到达
实验工具	卷尺,标杆
小组名单	高坤光、沙子涵、陆飞宇、刘晨阳、张杰、谢明辉

实验步骤

方案设计

图：

文:1.测量巨型羽毛球影子的长度BC;
    2.竖立标杆DE,使DE垂直地面;
    3.测量标杆DE的影子的长度EF;
    4.计算巨型羽毛球AB的高度

数据处理:

项目	第一次	第二次	第三次	第四次	平均值
羽毛球影子	6.2 m	6.3 m	6.4 m	6.3 m	6.3 m
标杆					1.6 m
标杆影子	1.43 m	1.45 m	1.39 m	1.42 m	1.42 m
高度					

羽毛球的高度:1.6×6.3÷1.42≈7.1 m
羽毛球高度约为7 m

实验不足及反思	优点:方便简洁。 缺点:1.测量条件受天气影响,需要有太阳的天气; 2.测量过程确保标杆与地面垂直

【设计意图】通过到肥东体育公园游玩,引导学生加强体育锻炼,热爱大自然,探究条件允许(有阳光)底部可到达物体高的测量,抽象三角形相似知识测量物体的高度。

3.总结交流

教师总结(如图3-8-2),教师利用几何画板直观展示各小组的测量方案。

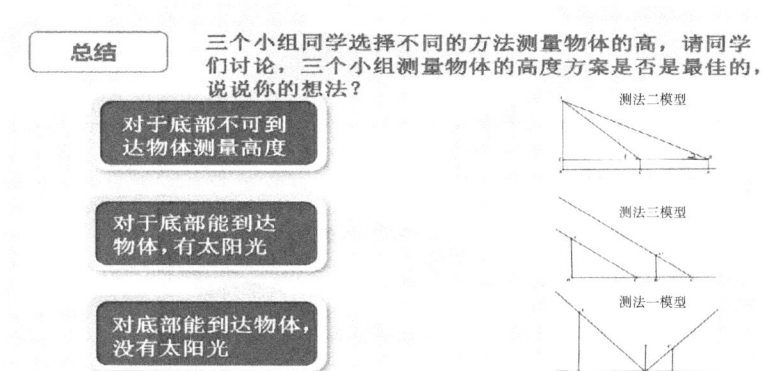

图 3-8-2

【设计意图】通过三种不同形状物体的测量,引导学生借助简单易操作的工具,合理运用已学知识,选择合适的测量方法。师生共同总结交流,梳理本节课内容,总结不同情况下的最佳测量方案。

4.活学活用

图片展示的是我们周边哪一条河流?今天我们学习了三种测量物体高度的方法,你能设计出最佳测量河宽的方法吗?(如图3-8-3)

【设计意图】充分结合生活中的问题,提升学生的学习兴趣,通过探究设计方案,巩固学生解决问题的能力。

图 3-8-3

5.课堂小结

(1)通过本节课的学习,你学到了哪些知识?

(2)本节课的学习历程是什么?

（3）通过本节课的学习，你掌握了哪些学习方法？

【设计意图】总结本节课的收获体会，优化认知结构，完善知识体系，充分发挥学生的主体作用。

6.布置作业

本节课的作业以学生发展性目标为出发点，设计了如下作业：

（1）本节课我们探究了高度的测量方案，你能运用所学知识设计一个测量某个物体高度（长度）的方案吗？请发布在班级 UMU 平台；

（2）对于本节课你有哪些心得体会，请你以本节课的教学过程、教学内容为主写一篇感受体会。不少于400字。

八、实验教学反思

本节课采用网络云平台直播探究教学模式，充分运用信息技术手段，打破数学实验的地域限制，让学生自主展示交流，开展研究性活动。通过学生主动参与、发现、探究、解决问题，有效激发了学生的学习热情，不仅锻炼了学生的动手操作能力，也培养了学生的学科核心素养。

整个教学活动从学生的认知水平出发，引导学生通过探索、交流等方式，利用信息化技术手段，获得知识，形成技能，发展思维。在教学活动过程中，教师充当教学活动的组织者、引导者、合作者，让学生产生一种渴望学习的冲动，自觉地投入学习过程中，进行自主学习、自悟学习、自得学习，让学生在动手操作中真正"动"起来，使学生的个性在课堂中得到张扬、能力得到发展。最终，培养学生会用数学的语言表达问题，会用数学的眼光发现问题，会用数学的思维解决问题。

《设计最佳方案测量物体的高度》数学实验报告单4

实验名称	测量(篮球架)高度
实验目的	灵活运用相似三角形、解锐角直角三角形等相关知识解决物体高度的测量等实际问题,并抽象刻画出测量工具的原理
实验要求	1.选阳光充足的室外篮球场 2.多次测量取平均值
实验工具	卷尺,长杆
小组名单	周子希、袁桐雨、史钟灿、李帅
实 验 步 骤	方案设计 图: 文:1.测量人与篮球架之间的长度; 　　2.将长杆放于篮球架和人之间,使人眼A,C在同一直线上; 　　3.测量人与长杆之间的距离; 　　4.利用$\triangle ANE \backsim \triangle CME$,可求得篮球架的高度 数据处理: （见下表）

项目	第一次	第二次	第三次	第四次
人与篮球架距离	2 m	3 m	16 m	2.4 m
人与长杆距离	1 m	1.5 m	0.8 m	1.2 m
CM	0.7 m	0.6 m	0.8 m	0.7 m
高度	3 m	2.8 m	3.2 m	3 m

实验不足及 反思	不足:实验过程中长杆与地面无法做到完全垂直,导致误差,人眼很难对齐; 反思:选较直长杆,测量时将卷尺拉直,尽量保持人眼与篮球架顶点和长杆顶点在同一直线上

第九节　探寻圆心

一、教材分析

　　本节实验课以探寻圆的圆心位置为目标,帮助学生感受圆的对称性,培养学生的探究能力,体验尺规作图。教学时给学生充足的时间,鼓励学生在探究的过程中进行多角度尝试,感受数学和物理学科的融合,培养学生言之有据的习惯,发展学生使用数学语言进行表达和交流的能力。教学中可以组建活动小组,促成学生以良好的情感态度主动参与实验过程,引导学生在独立思考的基础上与同伴进行合作交流。

　　"探寻圆心"的教学对象是九年级学生,他们对圆只有初步的感性认识,绝大部分学生关于圆的认识还停留在小学的认知阶段。教学中要充分利用学生的最近发展区,通过数学实验积累基本活动经验,帮助学生运用知识解决问题,并对解决问题的方法和经验进行反思。

二、实验准备

　　三角板,直尺,圆规,卡纸,激光笔,实验报告等。

三、实验创新点

　　(1)引导学生动手实验,小组合作,自主探究。
　　(2)借助墨子对圆的认识等史料,帮助学生感受中华文化的博大精深。

四、实验设计思路

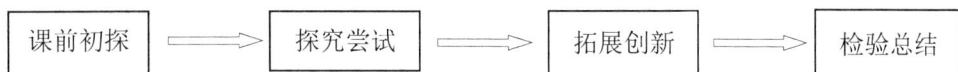

课前初探 ⟶ 探究尝试 ⟶ 拓展创新 ⟶ 检验总结

五、实验目标

(1)借助"探寻圆心"的实验,加深学生对圆的相关性质的认识。

(2)在寻找、发现圆心的探索过程中,初步形成探究体验,获得发现问题、研究问题的一些经验,提高数学素养。

六、实验教学过程

(一)情境激趣,导入新课

(1)用一个破损的圆面镜子引起学生对圆的思考,引发学生动手操作寻找圆心。(如图3-9-1)

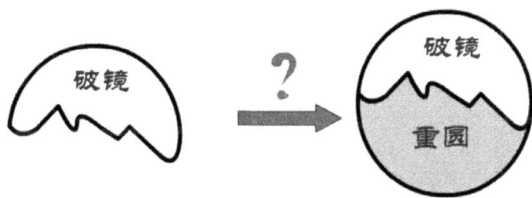

图3-9-1

(2)学生查阅相关资料,了解圆及圆心的有关知识。

【设计意图】通过"破镜重圆"问题引发学生思考,查阅资料时,教师渗透介绍墨子对圆的认识的历史知识,增强学生的民族自豪感,激发学生探究圆心的兴趣。

圆的相关知识可以在学生已收集资料的基础上,共同交流。解决上述问题时,教师可以提示学生:圆是一个怎样的图形? 什么是圆心? 圆心所在位置有什么特殊性?

(二)设问质疑,探究尝试

(1)折叠法寻找圆心。先把圆对折,使两个半圆完全重叠,这时圆中会出现一条折痕AB,然后再换一个位置,用同样的方法得到另一条折痕CD。这两条折痕(实际上就是这个圆的两条直径)的交点O就是圆心。(如图3-9-2)

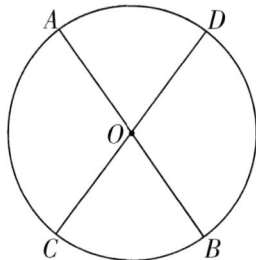

图3-9-2

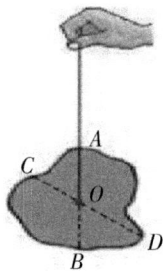

图3-9-3

(2)合作探究、动手操作(我们还有其他找圆心的方法吗?)

学生实验1——用悬挂法找圆心(如图3-9-3)。问题:实验还能如何改进?

学生实验2——先找半径再找圆心。

学生实验3——利用垂径定理找圆心。

学生实验4——利用圆周角定理的推论找圆心。

(3)思考:在你构造的寻找圆心的过程中,最核心是什么? 你能找出一般的规律吗?

(4)交流:你还有什么新的发现和疑问?

【设计意图】借助对圆的观察分析,以问题串的形式,层层设疑,不断深入,引发学生的思考和质疑。通过自主探究、小组合作、讨论交流,初步掌握圆的特点和寻找圆心的方法,为后续的进一步学习奠定基础。

(三)反思提炼,拓展创新

基于数学探究和实验,引导学生发现问题、提出问题,培养学生观察和分析的能力。学生在解决问题的过程中,培养小组合作意识与探究能力。引导学生关注身边的问题,善于用数学的眼光审视客观世界中丰富多彩的现象,让学生感受到数学的"有趣""好玩"。

【设计意图】设置多种实验方法寻找圆心,帮助学生在实践中形成对圆的感性认识,对逐步显现的规律进行不断体验,深入理解方法的本质。

留给学生充足的自主探究与合作交流的时间,帮助学生将猜想转化为可行性实验,对逐步显现的规律不断加深感悟,关注寻找圆心的本质。

(四)课堂小结,布置作业

(1)探究寻找圆心的方法:观察问题→猜想规律→表达规律→验证规律。

(2)数学思想:建模思想、数形结合、特殊与一般。

(3)作业:课后找一个圆形实物,找到它的圆心。

七、实验教学反思

本节课借助寻找圆的圆心,帮助学生从对圆的感性认识上升到理性经验的层面。通过探究几种简单的寻找圆心方法,发现规律,并解释数学上的理论依据,鼓励学生在探索的过程中进行多角度尝试。不要以教师的讲解代替学生的思考与讨论,帮助学生在实践中形成对圆的感性认识,对逐步显现的规律进行不断体验,深入了解方法的本质。有的学生发现不了寻找圆心的方法,有的学生不能把学过的物理知识和要解决的数学问题联系起来,更谈不上学科的融合等。面对学生的这些困难,教师既不能简单告诉他们,又不能放手不管,一定要依据学生的认知水平加以引导,让学生在探索的过程中,感受发现的快乐,学习解决问题的方法。

《探寻圆心之旅》数学实验报告单

实验名称	探寻圆心之旅
实验目的	1.引导学生动手实验,小组合作,自主探究。 2.借助墨子对圆的认识等史料,帮助学生感受中华文化的博大精深
实验工具	三角板、直尺、圆规、卡纸、激光笔
小组名单	方雨轩、崔玉婷、戈梦玲、吴宇彤
内容描述	以探寻圆的圆心位置为目标,帮助学生感受圆的对称,培养学生探索规律的能力,体验尺规作图
实验过程	1.折叠法:先把圆形对折,使两个半圆完全重叠,这时圆中会出现一条折痕AB,然后再换一个角度,同样的方法得到另一条折痕CD。 2.直角法:把一个三角板的直角顶点放在圆周上任意一点B处,三角板的两条直角边与圆交于A,C两点,连接AC,线段AC就是这个圆的一条直径,然后换一个角度,用同样的方法找到这个圆的另一条直径DF
数值结果或图像结果	 注1:这两条折痕的交点就是圆心; 注2:这两条直径的交点O就是这个圆的圆心
实验总结(遇到的困难、解决方法)	因为圆是残缺的,缺少足够的信息来确定圆心位置。我们使用折叠法、直角法以及几何推理等方法来寻找圆心的位置,效果很好

第十节　多边形的镶嵌

一、教材分析

本节课选择沪科版数学八年级下册第19章第4节《综合与实践——多边形的镶嵌》,通过实验培养学生的实践能力和解决实际问题的能力。平面镶嵌内容是初中阶段实验教学的典型课例,它涉及前面所学的多边形内角和等相关知识。这一阶段的学生已经具备了多边形内角和等相关知识,但由于本节课内容相对比较抽象,传统的教学方法是通过观察引导学生发现多边形镶嵌的条件,让学生动手操作的机会少,且信息技术手段支持不明显。因此,学生观察与抽象能力、归纳与概括能力的培养在本节课所学知识的探索过程中有待提升。

二、实验器材

几种正多边形模型,一般三角形和四边形纸片,软白板,白板笔,直尺,希沃白板,几何画板等。

三、实验创新点

(1)将传统的多媒体演示转化为学生独立动手操作,以此探究平面镶嵌的条件,引导学生在真实的情境中发现问题。

(2)适时结合几何画板演示多边形的镶嵌,帮助学生充分感受图形的动态变化过程,深化对多边形镶嵌条件的认识。

(3)灵活运用希沃白板,激发学生参与课堂活动的积极性,让学生在轻松快乐的氛围中学习数学知识,让学生在愉快的数学活动中掌握数学知识,并学会运用,使数学知识的学习融入生活实践中。

四、实验设计思路

操作 ⟹ 合作 ⟹ 发现 ⟹ 归纳 ⟹ 应用

五、实验教学目标

(1)通过实验与操作,探索多边形镶嵌的规律。

(2)理解用一种正多边形能够镶嵌的规律,进而探索用两种或两种以上的正多边形能够镶嵌的规律,类比探索用一般三角形或四边形能够镶嵌的规律。

(3)逐步学会设计实验,通过实验结果探究规律,从而解决实际问题,并从中学会合作与交流。

六、实验教学过程

(一)创设情境,提出猜想

欢迎来到多边形镶嵌的奇妙世界!通过将多边形地砖进行巧妙的组合和镶嵌,我们可以创造出各种形状、颜色和纹理的组合,从简约的几何图案到复杂的艺术风格。无论是室内装饰还是户外景观,多边形镶嵌都能为空间带来一种独特而令人难忘的视觉体验。我们将探索多边形地砖如何以独特而精美的方式进行铺设,创造出令人惊叹的图案和设计,让我们开始这段探索之旅,一同发现多边形镶嵌带来的美妙惊喜吧!(如图3-10-1)

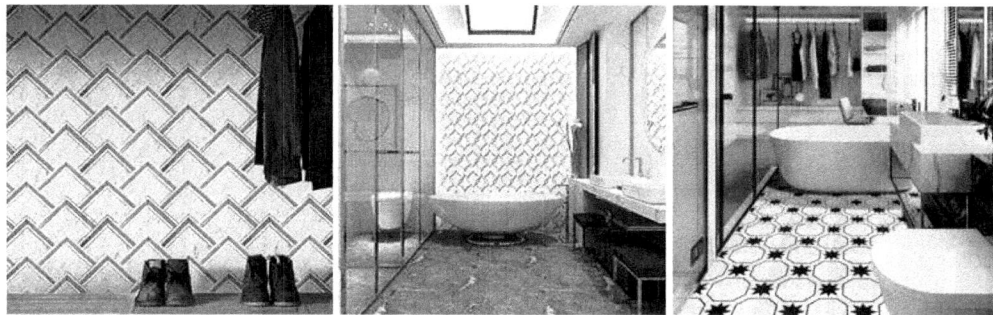

图 3-10-1

【设计意图】让学生感受数学就在身边,引导学生将实际问题数学化。

(二)设计实验,验证猜想

实验一:单个正多边形拼图实验。

问题:正三角形、正方形、正五边形、正六边形分别作镶嵌。试通过以下实验验证猜想:拼接处所有内角之和等于360°。

实验要求:4人一组,各选择一种正多边形进行拼图活动,计算出正多边形中每个内角的度数及个数,填入表格。比较各组所得结果,并汇总分析,谈谈你的发现。(如图3-10-2)

正 n 边形	每个内角的度数	拼接处在一个顶点处的内角和	能否镶嵌
正三角形			
正四边形			
正五边形			
正六边形			
你发现的规律:			

正 n 边形	每个内角的度数	拼接处在一个顶点处的内角和	能否镶嵌
正三角形	60°	360°	能
正四边形	90°	360°	能
正五边形	108°	324°	否
正六边形	120°	360°	能
你发现的规律: 内角度数被360°整除的可镶嵌			

图 3-10-2

【设计意图】让学生动手操作,进行小组合作,收集和分析数据,亲身经历获得结论的过程,养成用事实说话的习惯,实现了认知由感性到理性的飞跃。

(三)深入实验,解决问题

实验二:两种或两种以上正多边形拼图实验。

问题:正三角形、正方形、正五边形、正六边形之间做平面镶嵌。试通过以下实验验证猜想:拼接处所有内角之和等于360°。

实验要求:4人一组,选择两种正多边形进行拼图活动,并汇总结果,谈谈你的发现。(如图3-10-3)

图3-10-3

【设计意图】类比实验一,要求学生在独立思考的基础上,进行小组讨论,组织学生相互交流,使不同层次的学生发挥不同的作用,把学生的思维引向一个更深的层次。在实验中有同学利用作图改进实验,小组代表发言并利用软白板展示成果,创造小组的竞争意识,最后利用希沃白板演示镶嵌图形。

实验三:一般三角形或四边形拼图实验。

问题:全等三角形纸片、全等四边形纸片做平面镶嵌。试通过以下实验验证猜想:拼接处所有内角之和等于360°。

实验要求:4人一组,选择全等三角形或全等四边形进行拼图活动,汇总各组结果,说说你的结论。(如图3-10-4)

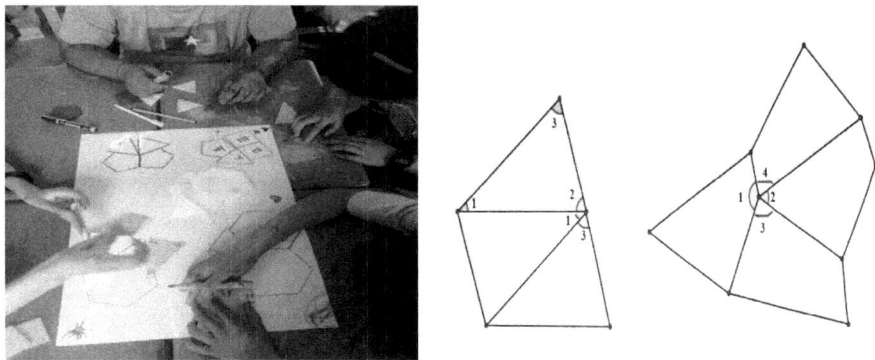

图 3-10-4

【设计意图】学生先讨论,然后动手实践,并结合几何画板演示说明。这既是对所学知识的拓展,又可以检验学生发散思维的能力,体验了从特殊到一般的数学思想。

(四)实验小结,课后拓展

(1)回顾三个实验的实验要求,简述实验结果与结论;

(2)回顾本节课的探究过程,我们是如何研究问题的;

(3)交流汇报实验过程中的心得体会;

(4)请将今天的实验过程、实验原理、实验结论和实验感受写成一篇数学小论文,与同伴交流;

(5)请同学们为和睦湖公园步道设计一幅平面镶嵌图案。

【设计意图】回忆并整理知识,养成良好的数学学习习惯。明确实践出真知,理论联系实际。养成合作交流、相互借鉴的团队精神,提高综合运用知识的能力。

七、实验教学评价

在本次实验教学中,注重对学生思维品质的培养和基本技能的提升,帮助学生学会思考;注重教学过程的自然过渡,以及学生认知的螺旋提升,激发学生的学习兴趣,变"要我学"为"我要学"。

《多边形的镶嵌》数学实验报告单

实验名称	多边形的镶嵌
实验目的	1.通过实验与操作,探索多边形镶嵌的规律。 2.理解用一种正多边形能够镶嵌的规律,进而探索用两种或两种以上的正多边形能够镶嵌的规律,类比探索一般三角形或四边形能够镶嵌的规律。 3.逐步学会设计实验,通过实验结果探究规律,从而解决实际问题,并从中学会合作与交流
实验要求	学生独立动手操作为主,结合利用几何画板,以此为探究平面镶嵌的条件
实验工具	几种正多边形模型,一般三角形和四边形纸片,软白板,白板笔,直尺,希沃白板、几何画板等
小组名单	夏乐松、李凌薇、史钟灿、袁桐雨
实验一	单个正多边形拼图实验 问题:正三角形,正方形,正五边形,正六边形分别做镶嵌。 实验要求:4人一组,各选择一种正多边形进行拼图活动; 　　　　　计算出正多边形中每个内角的度数及个数,填入表格; 　　　　　比较各组所得结果,并汇总分析,谈谈你的发现 <table><tr><td>正n边形</td><td>每个内角的度数</td><td>拼接处在一个顶点处的内角和</td><td>能否镶嵌</td></tr><tr><td>正三角形</td><td>60°</td><td>360°</td><td>能</td></tr><tr><td>正四边形</td><td>90°</td><td>360°</td><td>能</td></tr><tr><td>正五边形</td><td>108°</td><td>324°</td><td>否</td></tr><tr><td>正六边形</td><td>120°</td><td>360°</td><td>能</td></tr></table> 你发现的规律: 内角度数被360°整除的可镶嵌
实验二	两种或两种以上正多边形拼图实验

续　表

实验三	一般三角形或四边形拼图实验
实验总结	在一个顶点处各内角和为360°的能镶嵌

主要参考文献

[1]中华人民共和国教育部.义务教育数学课程标准(2022年版)[M].北京:北京师范大学出版社,2022.

[2]吴之季,苏淳.义务教育教科书.数学九年级下册[M].上海:上海科学技术出版社,2020.

[3]杨裕前,董林伟.义务教育教科书·苏科版数学(八年级上册)[M].江苏科学技术出版社,2014.

[4]李玉琪.中学数学教学与实践研究[M].北京:高等教育出版社,2001.

[5]单自军.核心素养下初中数学高效课堂的构建[J].甘肃教育,2021(24):58-60.

[6]柳剑军.巧借数学实验,培养学生思维[J].数学学习与研究,2021(35):38-40.

[7]刘宁.初中数学实验教学与学生数学素养培养[J].新课程,2021(50):30.

[8]李莫辉.浅谈初中数学教学中学生创新能力的培养[J].中学生数理化(学研版),2014(10):55.

[9]李明树,王晓峰,殷容仪.数学实验:积累数学活动经验的有效途径[J].中学数学,2018(4):56-60.